Hermann Multhaupt
Hildegard von Bingen – In seinem Licht

HERMANN MULTHAUPT

HILDEGARD VON BINGEN

In seinem Licht

Romanbiografie

benno

Bibliografische Information der Deutschen Nationalbibliothek
Die Deutsche Nationalbibliothek verzeichnet diese Publikation in der Deutschen Nationalbibliografie; detaillierte bibliografische Daten sind im Internet über http://dnb.d-nb.de abrufbar.

Besuchen Sie uns im Internet unter:
www.st-benno.de

ISBN 978-3-7462-3355-0

St. Benno-Verlag GmbH
04159 Leipzig, Stammerstr. 11
Umschlaggestaltung: Ulrike Vetter, Leipzig
Umschlagabbildung: © Paolo Tosi – ARTOTHEK (o.), © Christi's Images Ltd – ARTOTHEK (u.)
Gesamtherstellung: Kontext, Lemsel (A)

Zuletzt erlosch das Ewige Licht. Die Türen des Tabernakels waren weit geöffnet, das heilige Altarsakrament war entfernt worden. Die Abwesenheit Gottes erzeugte ein Vakuum ungeahnten Ausmaßes, das den Konvent in tiefe Verzweiflung stürzte. Voran die Äbtissin Hildegard, die gleichsam die Ursache dieser Entwicklung war oder zumindest durch ihre Entscheidungen dazu beigetragen hatte. Doch ließ sie sich ihre tiefe Niedergeschlagenheit nicht anmerken. Mit unbewegtem, doch nicht abweisendem Gesicht saß sie an der Spitze ihrer Mitschwestern im Chorgestühl und verfolgte die Handlungen der geistlichen Herren, die das Mainzer Domkapitel mit der Umsetzung des Interdikts beauftragt hat. Das Interdikt war eine schwere Strafe für das Kloster: Gottesdienste waren nun verboten. Über achtzig Jahre war die Äbtissin Hildegard inzwischen alt, reich an Lebenserfahrung und an Verdiensten, die sie sich um das Seelenheil so mancher Menschen, aber auch zum Wohle mancher Regenten, Politiker und Kleriker erworben hatte.

Was war geschehen? – Der Mainzer Episkopat hatte einen jungen Edelmann und seinen Freund wegen eines Verbrechens exkommuniziert. Einer von beiden hatte angesichts einer schweren Krankheit seine Tat bereut, Buße getan und von einem Priester aus Bingen die Absolution sowie die Sterbesakramente empfangen. Es war der Wunsch der Familie des Toten, dass er im Klosterfriedhof in geweihter Erde bestattet wurde. An den Exequien und der Beisetzung hatten neben den Familienangehörigen und der Klostergemeinschaft viele Menschen aus Bingen teilgenommen.

Leider hatte es der Priester, der den Sterbenden seelsorglich betreute, versäumt, die Mainzer Kirchenbehörde auf die Bußgesinnung und die Absolution des Verstorbenen hinzuweisen, sodass die Exkommunikation formell noch bestand. Einige Binger Frauen, die sich an das Vorleben des Edelherrn erinnerten, empörten sich über die feierliche Bestattung und meldeten den Fall in die Bischofsstadt. Schon zwei Tage später erreichte ein Brief des Mainzer Episkopats Äbtissin Hildegard auf dem Rupertsberg. Ein Exkommunizierter dürfe auf einem Klosterfriedhof nicht beigesetzt, sondern müsse außerhalb der geweihten Erde bestattet werden, hieß es darin. Der Tote sei unverzüglich wieder auszugraben. Im Falle der Weigerung trete ein Interdikt über das Kloster in Kraft.
Hildegard grübelte nächtelang, wie sie sich verhalten sollte. An den Bischof konnte sie sich nicht wenden, der befand sich mit Kaiser Friedrich Barbarossa auf einer Italienreise. Keine ihrer Entscheidungen fiel ohne intensive Zwiesprache mit Gott und ohne den Himmel bestürmt zu haben. So nahm sie auch jetzt Zuflucht zum Gebet und wartete auf Gottes Antwort. Bei jeder ihrer Entscheidungen holte sie jedoch auch die Meinung der Klostergemeinschaft ein. Die Nonnen beurteilten den Fall unterschiedlich. Während die Schwestern Walburga, Mechthild und Agnes dafür waren, die Anweisungen der bischöflichen Behöre unbedingt zu befolgen, plädierten die Priorin Agatha und die Mehrheit des Konvents für die Rechte des Edelmanns. Schließlich sei er im Frieden Gottes heimgegangen und habe ein Anrecht auf die Ruhe auf dem Gottesacker. Was das bedeutete, wusste Hildegard.
„Wir müssen uns die Konsequenzen vor Augen halten", erklärte sie nach dem Frühgottesdienst dem unschlüssigen Konvent. „Das Kreuz des Interdikts bedeutet: Öffentliche Gottesdienste sind uns von nun an untersagt."

Ein Raunen durchzog den Chorraum der Kirche. Die Schwestern blickten sich bestürzt an.
„Wir dürfen nur in der verschlossenen Kirche mit leiser Stimme die Psalmen und Lesungen sprechen."
„Ist der Edelmann das wert?" Schwester Katharina blickte fragend in die Runde. Hildegard antwortete nicht.
„Der sonst so feierliche gregorianische Choral, das Rückgrat unseres benediktinischen Lobgesangs, ist verboten", fuhr sie fort.
Einige Schwestern seufzen. Die Trauer über das Verbot entlud sich in empörtem Getuschel. Die Äbtissin verkündete nun die letzte Bestimmung des Interdikts: „Auch die Glocken dürfen nicht läuten."
Der Rupertsberg, diese Stätte der Hoffnung und des Segens für den Rheingau, erstarrte in diesem verhängnisvollen Jahr 1148 im Schweigen. Besorgte Binger Bürger blickten verwundert zum Kloster empor. Der Grund für die ungewohnte Stille sprach sich schnell herum und setzte eine ähnliche Diskussion in Gang, wie sie die Nonnen geführt hatten. Denen die zunehmenden Machtbefugnisse der Kirche schon längst ein Dorn im Auge waren, wetterten gegen das Interdikt und stärkten der Äbtissin den Rücken. Andere wiederum meinten, die starre Haltung der Ordensoberin werde ihr am Ende nur schaden. Die bischöfliche Behörde sitze nun mal am längeren Hebel.
Hildegard ließ sich nicht beirren. Doch sie litt. Sie litt immer, wenn harte Entscheidungen anstanden, Sie erkrankte schwer, bekam hohes Fieber wie schon so oft. Es schien, als müsse sie alle Bedrängnisse und Versuchungen erst durchleiden, bis ihr die Lösung klar vor Augen stand. Sie rang mit Gott, haderte mit sich, war zeitweise entschluss- und mutlos. Doch dann entwickelte sie, die Beterin, die Kämpferin mit ihrem ausgeprägten Gerechtigkeitssinn, eine Energie, die ihrem zarten und von manchen

Übeln heimgesuchten Körper kaum zugetraut wurde. Sie gehorchte dem Mainzer Befehl, indem sie das Interdikt zuließ, widersetzte sich ihm jedoch, indem sie dem Verstorbenen die Totenruhe auf dem Klosterfriedhof gestattete. Um ganz sicher zu gehen, dass ihr Entschluss nicht hintergangen wurde, ließ sie das Grab des Edelmanns einebnen und verwischte alle Spuren, damit es von Fremden nicht entdeckt wurde.

Den verwunderten Mitschwestern erklärte sie, nachdem sie mit dem Abtsstab ein Kreuz über die Stelle geschlagen hatte: „Wer nach Beichte, Absolution und Empfang der Sterbesakramente im Frieden des Herrn stirbt, dem sichert Gott seine Gnaden zu. Wir alle sind Zeugen, dass der Verstorbene unter Gebet und Segen des Priesters ins Grab gelegt wurde. Ihm muss Gerechtigkeit widerfahren."

Inzwischen ist ein Brandbrief auf dem Wege zu den Mainzer Prälaten, in dem sie erklärt, dass der unter Acht und Bann stehende Edelmann seine Tat bereut, unter Zeugen gebeichtet und die Sterbesakramente empfangen hat. Und sie fragt: „Was ist denn das Sakrament noch wert?"

Wenn Hildegard allein war, ging sie gern durch die Räume, die ihr zum Arbeiten vorbehalten waren. Doch vor allem hielt sie sich in der Bibliothek auf. Hier waren die Briefe gestapelt, die sie noch beantworten musste, hier standen in Reih und Glied aber auch ihre Werke, die sie in mühevoller Kleinarbeit zu Papier gebracht hatte. „Scivias – Wisse die Wege", ihr Erstlingswerk, an dem sie ganze zehn Jahre geschrieben hatte. Daneben das Buch „Liber subtilatum diversarum naturarum creaturarum" – das medizinische Werk, gefolgt vom „Liber vitae meritorum" – das Buch der Lebensvergeltung und schließlich das „Liber divinorum operum" – das Buch der Gotteswerke. Wie viel Arbeit steckte in ihnen, wie viel Schweiß, wie viele durchwachte Nächte bei Kerzenschein, während die Augen brann-

ten und sich oftmals nur mühsam gegen den Schlaf wehrten. Ein gewaltiges schriftstellerisches Lebenswerk! Jede Autorin könnte stolz darauf sein. Behutsam strich Äbtissin Hildegard über den ledernen Einband von „Scivias“.
Doch derzeit herrscht kein Grund zur Freude. Solange die Glocken schwiegen, die Stimmen der Nonnen nicht erschallen durften, das Interdikt in seiner grausamen Konsequenz angewendet wurde, war für die Äbtissin vom Rupertsberg das Leben wie unter einer Eisschicht erstarrt. Es bewegte sich nicht mehr. War denn alles umsonst gewesen? Hildegard ging nun auf die Achtzig zu, ihr Körper war abgenutzt, ausgelaugt, verbraucht. Wie oft war er infolge der vielfältigen Krankheiten an seine Grenzen gestoßen, hatte eines Anstoßes und Auftriebes bedurft durch die göttlichen Weisungen, die sie in ihren Visionen erhielt. Schwierigkeiten hatte sie zuhauf gekannt.
Die Äbtissin stellte das Buch ins Regal zurück und blickte aus dem Fenster. Noch lachte der Sommer vor der Tür mit Wärme und Licht, mit den Farben der Blumen und den Gerüchen reifender Früchte. Drunten schimmerten die Wellen der Nahe in der Sonne, und weiter entfernt bewegte sich das Silberband des Rheins stromab.
Wie der Strom begann nun das Leben an Hildegard vorbeizuziehen. Gemächlich zunächst, dann eiliger, als gelte es, Stromschnellen zu überwinden und Strudeln auszuweichen, schließlich wieder ruhiger und überschaubarer. Nein, das frühe Klosterleben als Neuling in der Klause, später als schlichte Nonne, als Meisterin oder Magistra und schließlich als Äbtissin hatte doch seinen Sinn! Gott hatte es jedenfalls gesegnet durch die Gnade der Visionen und durch seine Forderungen. War sie dem Herrn der Schöpfung gerecht geworden? Hatte sie alles so gemeistert, wie es von ihr verlangt worden war? Lange stand die Äbtissin am Fenster. Da die Glocke stumm bleiben musste, wurde

der Aufruf zur Sext und zum Angelus-Gebet mittels zweier Holzscheite gegeben, die eine Schwester im Kreuzgang aneinander schlug. Die Nonnen stellten sich in Zweierreihen auf und schritten still in den Chor der Kirche hinüber. Aber Hildegard war nicht bei der Sache. Sie hörte das Gemurmel der Mitschwestern, den tonus rectus der Vorbeterin. Ohne Gesang erreichten die Psalmen nicht die verborgene Tiefe ihrer Bedeutung. Die Äbtissin schloss die Augen und kehrte weit in die Zeit zurück …

Bermersheim, 1098

„Ich fürchte, es wird eine schwere Geburt“, seufzte Mechthild, die Gattin des Edlen Hildebert von Bermersheim. Sie waren auf dem Weg zu einem Arzt in Alzey, der auch als Geburtshelfer tätig war, um sich vorsichtshalber zusätzlichen Rat einzuholen. Die Geburt des zehnten Kindes der Familie würde er nicht begleiten, das war Aufgabe der Hebamme, die schon den anderen neun Kindern zum Weg ins Leben verholfen hatte. Der Reisewagen fuhr langsam, Hildebert selbst lenkte ihn. Die kostbare Fracht im Zweispänner wollte er keinem Kutscher oder einem anderen Bediensteten anvertrauen.
Mechthild war auf mehreren Kissen gebettet. Sie federten die Stöße ab, die sich trotz vorsichtiger Fahrweise nicht vermeiden ließen. Nach dem letzten Gewittersturm hatte es Steinschlag gegeben, und die Wasserpfützen, die sich auf dem Hohlweg gebildet hatten, ließen ihre verräterische Tiefe nicht erkennen. Während der Abwesenheit der Eltern stand Drutwin, der älteste Sohn, dem Hauswesen vor. Obgleich er noch nicht volljährig war, versah er die Stellvertretung mit Geschick. Aufmerksam wachte er über die Arbeiten in Hof und auf den Feldern, er leitete Mägde und Knechte an wie ein erfahrener Bauernvogt. Die Bermersheimer Besitzung war beachtlich. Neben Weiden und Weinbergen und einem ansehnlichen Waldstück gehörten zwei Wassermühlen zum Hofinventar. Hinzu kamen neben dem Haupthaus mehrere Gebäude für das Gesinde, Scheunen und Vorratskammern sowie ein Kirchlein und ein kleines Siechenhaus. Geschützt lagen die Häuser und Hütten in-

nerhalb eines Walles und einer durch Tore zugänglichen Schutzmauer. In unruhigen Zeiten, wenn Gefahr drohte, diente das Gelände innerhalb des Walls auch als Zufluchtsstätte für die außerhalb angesiedelten Bauern. In der Ferne nach Osten hin schimmerten je nach Sonnenstand veilchenblau oder smaragdgrün die Höhen über dem Rheintal, nach Westen hin erstreckten sich die buckligen Berge des Pfälzer Waldes.

Der Weg nach Alzey war nicht weit. Zwei Fußstunden benötigte man für die Strecke Richtung Süden, eine Stunde Fahrzeit für den Zweispänner. Doch heute dauerte die Reise eine halbe Stunde länger. Der Arzt bescheinigte Mechthild eine schwache Konsistenz. Kein Wunder nach neun Kindern, nickte er ernst. Er verschrieb einige Arzneien zur Stärkung. Da er die zuständige Hebamme kannte und ihre gewissenhafte Arbeitsweise schätzte, entließ er die Schwangere am Ende zuversichtlich mit vielen guten Ratschlägen und Empfehlungen.

Einen Monat später wurde dem Edelfreien Hildebert von Bermersheim und seiner Gemahlin Mechthild von Burg Merxheim im Nahetal eine Tochter geboren. Die Geburt verlief trotz der befürchteten Komplikationen reibungslos, doch das Mädchen war zart und schwach. Sie gaben ihm den Namen Hildegard – die Kampfkühne.

„Wir werden manchen Kummer mit ihr haben“, seufzte die Mutter.

„Eine körperliche Schwachheit wird zuweilen durch geistige Stärke ausgeglichen“, tröstete der Vater. „Vielleicht übertrifft Hildegard alle unsere Erwartungen.“

Doch zunächst blieb Hildegard ein Sorgenkind. Mit wachsbleichem Gesichtchen lag sie, oftmals weinend, in der Wiege, die die Amme mit leichten Stößen in Bewegung hielt. Allerlei Kinderkrankheiten begleiteten Hildegards erste Lebensjahre. Doch erfreute sie sich auch der Obhut

ihrer älteren Schwestern Irmgard, Odilia, Jutta und Clementia, die sie, sobald sie laufen konnte, an ihren Spielen und Streichen teilhaben ließen. Die Brüder Hugo, Radulf und Roricus befanden sich zeitweise schon zum Studium außer Haus und nahmen nur gelegentlich an dem ausgelassenen Treiben und lustigen Schabernack teil. Mit jedem Frühling, der nach langen dunklen Wintermonaten die Lebensgeister des Körpers stärkte, blühte das Mädchen auf, doch dann warfen wechselnde Krankheiten sie wieder zurück, und der Prozess des Kräftesammelns begann von Neuem. Vor allem eine Rachitis fesselte sie länger ans Krankenlager, und die Eltern fürchteten, dass sie deshalb nicht so bald würde selbständig gehen können. Doch dann erholte sich Hildegard plötzlich, die Beine gewannen an Kraft und sie verließ das Bett.
Oft nahm die Amme sie an der Hand. Die Amme war eine besonnene, erfahrene Frau, die schon mehrere Kinder geboren hatte. Hildebert hatte sie aus einem der Bedienstetenhäuser engagiert, er schätzte ihre robuste und zugleich herzerfrischende Art. Das wechselvolle Leben hatte sie gelehrt, die Dinge des Alltags zu meistern. Doch Mechthild hielt sie für nicht zartfühlend genug. „Unsere Hildegard ist ein zartes und anfälliges Geschöpf. Sie braucht eine Amme, die sie versteht und der sie sich anvertrauen kann."
Doch diese Bedenken zerstreute Hildebert. Eine starke, in sich ruhende Persönlichkeit, die sich nicht so schnell aus dem Gleichgewicht bringen lasse, sei genau richtig, bemerkte er.
Hildegard plapperte schon recht früh drauflos und fühlte sich in der Nachbarschaft ihrer Amme wohl. Gemeinsam unternahmen sie Spaziergänge durch die Wiesen, auf denen das Vieh weidete und wo das Mädchen sich nicht satt sehen konnte an den Blumen und Kräutern am We-

gesrand. Eines Tages, sie war inzwischen fünf Jahre alt, blieb Hildegard am Weidezaun stehen und betrachtete eine trächtige Kuh.

„Siehst du das Kälbchen in ihrem Leib?", fragte sie. „Es wird sicher bald auf die Welt kommen. An Stirn, Rücken und Füßen ist es gefleckt, sonst aber ist es ganz weiß."

„Das kannst du sehen?", fragte die Amme verwundert.

„Ja. Du denn nicht?"

„Ich sehe die Kuh und dass sie bald ein Kälbchen zur Welt bringt. Jedoch wie es aussieht – nein, das erkenne ich nicht."

„Komisch. Ich dachte, alle Menschen könnten es sehen."

Eine Weile war Hildegard sprachlos wie ihre Begleiterin. Ganz in sich gekehrt ging sie neben ihr heimwärts. So weit ihr kleiner Kinderverstand dazu in der Lage war, begriff sie doch, dass sie offenbar über eine besondere Gabe verfügte.

Zu Hause berichtete die Amme der Mutter von dem geheimnisvollen Vorfall. Die Eltern standen vor einem Rätsel.

„Sagte ich nicht, dass wir manchen Kummer mit unserer Tochter haben werden?", erinnerte sich Mechthild.

Herr Hildebert zuckte die Schultern. „Du siehst zu schwarz", antwortete er ausweichend, doch ganz wohl war auch ihm nicht ums Herz. Nicht lange danach wurde das Kälbchen geboren. Es war ganz weiß. Nur Stirn, Rücken und Füße waren gefleckt – ganz so, wie die kleine Hildegard es beschrieben hatte.

Hildegards Augen waren ihr Geheimnis. Sie sah, was andere Menschen sehen. Doch sie sah auch, was sich den Blicken anderer Menschen entzog. Sprachlos war sie angesichts dieser Gabe, und sie wusste nicht, wie sie sich verhalten sollte. War sie krank? Vielleicht verrückt? Wie sollte sie unterscheiden zwischen dem, was der Wirklichkeit entstammte, und dem, was aus der inneren Schau kam? Fragte sie, so erhielt sie oft die Antwort: Nein, das ist nicht die Welt, in der wir leben, das hat einen anderen Ursprung. Je tiefer sie eintauchte in diese Anderswelt und je mehr sie darüber sprach, umso mehr rückten die Menschen von ihr ab, betrachteten sie mit Scheu und großer Verwunderung. Hatte sie diese Gabe nicht schon mit ihrer Empfängnis erhalten? Oder mit der Muttermilch aufgesogen? Sprach Gott durch sie? Oder war sie ein Opfer des Dämonen, des Teufels, der sich in Lämmergewänder kleidete, um zu sehen, wen er verführen konnte? Hildegard gab ihrer Umgebung Rätsel auf. Und sie selbst wurde sich zum Rätsel, bis sie eines Tages begriff, dass sie von Gott auserkoren war, den Menschen etwas mitzuteilen und durchsichtig zu machen, was jetzt noch wie in einem blinden Spiegel erschien.

Später, als sie ihr Leben aufschrieb, notierte Hildegard: „Manches erzählte ich einfach, so dass die, die es hörten, sich sehr wunderten, woher es käme und von wem es sei. Da wunderte ich mich selbst, dass ich, während ich tief in meine Seele schaute, doch auch das äußere Sehvermögen behielt, und dass ich dies von keinem anderen Menschen hörte. Darauf verbarg ich die Schau, die ich in meiner Seele sah, so gut ich konnte." Im Nachhinein erinnerte sich Hildegard an ein erschütterndes Seelenerlebnis: „In meinem dritten Lebensjahr sah ich ein so großes Licht, dass meine Seele erbebte, doch wegen meiner Kindheit konnte ich mich nicht darüber äußern."
Schließlich war sie sicher, dass Gott ihr, als er sie im Schoß ihrer Mutter durch den Hauch des Lebens erweckte, dieses Schauen ihrer Seele eingeprägt hatte. Ein andermal sagte sie: „Gott hat mich von meiner Mutter Leibe an ausgesondert und berufen durch seine Gnade."

Mit zunehmendem Verstand und unter dem Eindruck ihres Lebensverlaufs konnte sie über ihre seelische Seherkraft sprechen. „Die Seele durchdringt die Augen, sind diese doch ihre Fenster, durch welche sie die äußere Natur erkennt."

Hildegard, das junge, kränkelnde, doch aufgeweckte Mädchen, nahm ihre Welt mit ungewöhnlichem Blick wahr. Wenn die Winterstürme sich gelegt hatten, der April seine kalten, noch von Schneeflocken durchsetzten Schauer abgeregnet hatte, begrüßte sie den Mai mit jubelnder Freude. Die Natur, über Monate erstarrt, setzte zu neuem Leben an, überschüttete die Welt mit Blüten und Farben. Wie taute Hildegards Seele in diesen Wochen auf! Sie betrachtete den Wechsel und Wandel in der Natur mit staunendem Blick, verfolgte den Prozess des Übergangs von der Blüte zur Frucht im Wechsel der Jahreszeiten und erkannte hinter allen Veränderungen den geheimnisvollen Schöpfungsgedanken Gottes.

Einen ganzen Tag verbrachte sie im Geflügelhof ihres elterlichen Anwesens, betrachtete die Henne, wie sie das Ausschlüpfen ihrer Küken förderte und die kleinen Flaumknäuel versorgte. Sie erkannte in allen Dingen den über der Welt waltenden Schöpfer, der auch die unscheinbaren Kreaturen mit seinem Geist belebt. „Die Sonne regiert alles, was unter der Erde ist", sagte sie, „wie eine Henne ihre Küken hegt. Daraufhin steigt sie mit dem heiteren Tag über die Erde und stärkt alles, was auf ihr lebt, so wie eine Henne ihre Küken aus den Eiern herauslockt."

Eine Flaumfeder schwebte, vom Windhauch emporgetragen, über den Hofplatz. Hildegard sah ihr nach, sah, wie sie tänzelte, dann fast zu Boden fiel, sich wieder fing und schwankend davonglitt. Odilia, die mit Bündeln sauberen Linnens über den Hof zur Wäschekammer ging, schüttelte den Kopf. „Hier sitzt du und verbringst deine Zeit. Hast du nichts Besseres zu tun als einer Feder nachzustarren?“ Doch Hildegard war so in ihre Betrachtung vertieft, dass sie nicht sogleich antwortete. Schließlich meinte sie nachdenklich: „Ist sie nicht ein Symbol für unser Leben? Bin ich denn mehr als eine im Windhauch Gottes schwebende Feder?“ Vieles von dem, was sie jetzt beobachtete, was sie bedrückte oder erfreute, prägte sich ihr tief ein. Was manche Menschen gedankenlos für notwendig hielten, schnitt ihr ins Herz. So konnte sie den Anblick im Netz zappelnder Fische nur schwer ertragen.

Über viele Gegenstände des Alltags stellte Hildegard ihre Beobachtung an. Ob am Herd in der Gutsküche, wo es in den Töpfen brodelte und kochte, ob an der Esse der Schmiede, wo der Meister die Flamme aus der Schlacke zum Leben erweckte, oder im Stall, wo die Magd die satte Kuh molk, es gab hundert Gelegenheiten zu meditieren. Einmal war es das starke, sich an einem Fuhrwerk gleichmäßig drehende Rad, das ihre Gedanken in Gang setzte. Das Rad kreiste um seine innere Achse, es ruhte in sich, auch wenn es unablässig vorwärts glitt, erschüttert und gerüttelt wurde, den Wagen bewegte und Menschen beförderte.

Hugo, einer von Hildegards Brüdern, hatte seine Studien beendet. Er wechselte zum erzbischöflichen Hof nach Mainz und bekleidete bald das geistliche Amt des Domkantors an der Kathedrale. Hildegard fiel der Abschied schwer. Es waren zwar nur acht Wegstunden bis Mainz, doch so bald würde Hugo nicht zurückkehren, und wer wusste schon, ob er seine stets kränkelnde jüngste Schwester dann noch lebend antreffen würde.

„Du gehst nun in die große Welt“, sagte Hildegard, „du lernst Fürsten und Prälaten, ja, vielleicht auch den Kaiser kennen. Vergiss mich darüber nicht.“

„Ich werde dir schreiben“, versprach der Bruder.

Die Nachrichten, die er wie versprochen übermittelte, erschütterten das Rhein- und Nahetal und wurden auch in Bermersheim am Hof des Edlen Hildebert diskutiert. Kurz nach Hildegards Geburt war der Erste Kreuzzug zu Ende gegangen und das Königreich Jerusalem errichtet worden. Doch jetzt wurde eine dreiste Schandtat des Königs offenbar: 1105 hatte Heinrich seinen Vater in den Kerker der Naheburg Böckelheim werfen und sich selbst im Januar 1106 vom Erzbischof von Mainz als Heinrich V. krönen lassen. Heinrich IV. konnte fliehen, doch war er am 7. August jenes Jahres gestorben.
Solche dunklen Geschehnisse kamen auch am heimischen Herd zur Sprache. Der Vater ging, wenn er über Politik sprach, vor dem großen Kamin auf und ab, die Hände hinter dem Rücken verschränkt. Die Mutter saß, ihre Näharbeit unterbrechend, am Fenster und blickte in die trübe Welt hinaus. Sie sprach kaum, Politik, sagte sie, sei Männersache und sie verstehe auch nicht viel davon. Doch dass sich die Kirchenoberen oftmals falsch verhielten, sich um ihres persönlichen Vorteils wegen gegeneinander ausspielten, das begriff sie wohl. Hildegard litt, auch wenn ihr manche Einsicht in politische Angelegenheiten fehlte, unter der Zwietracht zwischen den Menschen. Gott gab ihr manchmal einen klärenden Fingerzeig. Nicht aus eigener Einsicht, sondern durch die geistige Schau sah sie hinter die Dinge. Aber noch war sie zu jung, um sie in rechte Worte zu kleiden und ihrer Umwelt begreiflich zu machen.
„Es ist an der Zeit, dass wir uns über die Zukunft unseres jüngsten Kindes Gedanken machen“, sagte Hildebert eines Tages nach dem Abendbrot. Die Sonne hatte sich schon früh hinter den Wolken im Westen verzogen, die Dämmerung war hereingebrochen, und an den Wänden brannten die Kienspäne. Hildegard hatte sich nach einem lan-

gen Tag mit ihren Freundinnen im ersten Schnee schon zur Ruhe begeben. Der Winter hatte sich in diesem Jahr früh angesagt. Die Ebereschen standen in voller Frucht. Die roten Beeren, von den Vögeln als Delikatesse begehrt, waren ein sicheres Zeichen für die kalte, dunkle Jahreszeit.

„Hildegard ist unser zehntes Kind, Hildebert. Sollen wir sie nicht Gott in einem Kloster weihen, gleichsam als unseren ‚Zehnten' für das Reich des höchsten Herrn?"

„Ich weiß nicht, Mechthild. Sie ist zart, fast immer kränklich. Wie soll sie die Klosterregel, die nächtlichen Betstunden durchstehen?"

„Ich denke nicht an ein gewöhnliches Kloster der strengen Observanz, sondern eher an eine Klause. Eine ruhige Zelle, in der sie mit Gleichgesinnten beten und arbeiten kann, aber doch das Nötigste zum Leben erhält."

Hildebert antwortete nicht. Er schien die einzelnen Worte seiner Gemahlin zu bedenken. Mit der Rechten kraulte er seinen Bart.

„Du kennst den Disibodenberg mit dem Kloster der Benediktiner", fuhr Mechthild fort. „Dort gibt es eine Klause, jetzt mit der Frau Jutta von Sponheim als Meisterin."

„Du bist ja gut im Bilde", wunderte sich Hildebert. „Wir sollten nichts übereilen. Lass uns die Sache überschlafen. Dann sehen wir weiter."

Hildebert brauchte zwei Tage, bis er sich mit dem Gedanken, seine Tochter der jungen Meisterin in der Klause auf dem Disibodenberg, im Winkel zwischen den Flüssen Nahe und Glan, anzuvertrauen, anfreunden konnte. Frau Jutta, Tochter des Grafenehepaars Stephan und Sophie von Sponheim, war eine kluge junge Frau, das hatte sich herumgesprochen. Sie pflegte eine strenge Askese, fastete tagelang und geißelte sich obendrein, trug sogar ein Büßerhemd, eine eiserne Kette und einen Keuschheitsgürtel. Nur an

Sonn- und Feiertagen sowie in Tagen der Krankheit legte sie ihn ab. Manche Menschen meinten, dass sie ihre Bußübungen übertrieb. Hildebert von Bermersheim gab diese Einwände zu bedenken, doch seine Gemahlin sagte, je konsequenter ein Mensch die Entsagung der irdischen Genüsse dieser Welt anstrebe, umso größer sei sein Verdienst im Himmel. Gegen dieses Argument gab es keinen Widerspruch, und so setzten sie eines Abends nach dem Nachtgebet ihre Tochter ins Bild.

Hildegard war nicht überrascht. Sie empfand die Entscheidung der Eltern geradezu als Bestätigung ihres inneren Verlangens. Die Stimme, in der sie Gottes Ratschluss erkannte, und die Visionen, die sie zunehmend heimsuchten, hatten ihr längst nahegelegt, den Weg der Kontemplation und des Gebetes zu wählen und dem Schöpfer der Welt in der Einsamkeit einer Klause zu dienen. Doch zunächst musste sie auf das Leben auf dem einsamen Berg, getrennt von ihren Eltern, vorbereitet werden. Eine fromme Frau übernahm die religiöse Unterweisung, und es vergingen mehrere Jahre, bis Hildegard sich am 1. November 1112 schließlich der Einsiedlerin Jutta von Sponheim zusammen mit einem anderen Mädchen namens Jutta zur weiteren Vorbereitung auf das Einsiedlerleben anschloss.

Hildegard war aufgeregt. Die letzte Nacht zu Hause, in ihrem Bett. Als sie sich niederlegte, wusste sie, dass sie das zum letzten Mal tat. Das Daunenbett war weich. Sie nahm das Kopfkissen wie eine Puppe in die Arme und roch die Gänsefedern im Innern. Sie stachen sogar ein bisschen. Es war, als wenn die ganze Kindheit mit den Abenteuern im Hof, dem Gänsegeschnatter und dem Hühnergackern in diesem Bezug aufgehoben sei, zusammengedrängt zu einem endgültigen Abschied. Lange fand das Mädchen keine Ruhe. Immer wieder wachte sie aus dem Halbschlaf auf, hörte das Horn des Nachtwächters, doch verstand sie nicht, welche Stunde er ausrief. Am Morgen war sie nicht ausgeschlafen. Die Mutter musste Hildegard zweimal ansprechen und zum Waschen nötigen. Ob wir dem Kind wirklich etwas Gutes tun, wenn wir es auf den Disibodenberg geben?, fragte sich Mutter Mechthild plötzlich und erschrak bei dem Gedanken, dass sie diesen Weg angestoßen hatte. Doch dann bedachte sie die getroffenen Entscheidungen. Für das Kind war dieser Weg der richtige. Es gab kein Zurück. Mechthild öffnete die Reisetruhe und warf einen letzten Blick hinein. Die Wäsche Hildegards war sorgfältig gestapelt und in kleine Bündel eingeteilt. Obendrauf lag das Kreuz, das Hugo vor Jahren eigenhändig aus einem Lindenholzstück geschnitzt hatte. Den Korpus hatte er nur angedeutet, die Ausführung der Figur war ihm wohl zu schwer.

Hildegard trug ihren Festtagsstaat, ein bis auf den Boden reichendes Kleid aus feinem, gebleichten Linnen, darüber einen Mantel aus grüner Seide und auf dem Kopf einen geflochtenen Kranz weißer Stoffröschen. Ihr blondes Haar fiel bis auf die Schultern herab. So erschien sie vor der versammelten Familie und der Mägdeschar. Auch die Amme war da, sie machte ein bedrücktes Gesicht und wischte sich verstohlen ein paar Tränen aus dem Gesicht. Das letzte gemeinsame Frühstück. Hildegard konnte kaum einen Bissen hinunterwürgen. Der Vater schaute unruhig aus dem Fenster. Es war schon angespannt, die Pferde scharrten im Sand.

Aufbruch. Der Hofhund sprang Hildegard an, drohte sie fast zu Boden zu reißen, so ungestüm war er. Ahnte er den Abschied auf Nimmerwiederkehr? „Ist ja schon gut, mein Lieber, ist ja gut!“ Hildegard streichelte dem Hund das Fell. Er wedelte mit dem Schwanz, wollte mit in die Kutsche, wurde zurückgedrängt. Die Peitsche knallte. Hil-

degard sah, wie der Hof mit dem Herrenhaus immer mehr schrumpfte, bis er zu einem Punkt zusammengeschmolzen war. Die winkenden Menschen auf der Freitreppe erkannte sie nicht mehr.
„Wird man mir das Haar wohl abschneiden?“, fragte Hildegard ihre Mutter ängstlich. Mechthild sah ihren Mann an und dann die Tochter: „Nein, mein Kind, jetzt wird man es dir nicht abschneiden. Vielleicht später, wenn du dich ganz für Gott entschieden hast. Wenn du dein Haar opferst, ist das ein Zeichen deiner Unterordnung unter seinen Willen und unter die Regel des hl. Benedikt.“
„Dann kann ich mich ja nicht mehr bei meinen Freundinnen sehen lassen“, platzte es aus dem Mädchen heraus. Sie war vierzehn. In dem Alter achteten die jungen Damen bereits auf Kleidung und Aussehen.
Doch dann schlug sie sich mit der Hand auf den Mund. „Ich werde meine Freundinnen ja nicht mehr wiedersehen.“
„Dein Haar wächst nach“, tröstete die Mutter. „Bist du erst einmal eine richtige Nonne, darfst du es an Festtagen so offen und lockig tragen wie jetzt. Schönes langes Haar unterstreicht die Würde der Frauen. Doch zunächst wirst du wohl eine Haube tragen.“
Hildegard dachte über die Worte nach, doch ganz glücklich machten sie sie nicht.

Der Weg zum Disibodenberg kam Hildegard heute unendlich lang vor. Obgleich es draußen grünte und blühte, war ihr in ihrem Herzen eher nach Winter zumute. Sie sah einen Fischreiher am Ufer der Nahe. Er hatte ein Bein angezogen und döste vor sich hin. Auf Fischfang schien er nicht aus zu sein, sonst wäre er aufmerksamer. „Was ist, wenn er eingeschlafen ist? Ob er dann nicht sein Gleichgewicht verliert und umfällt?“

„Nein. Hast du nicht den Stein gesehen, den er in seinem langen Schnabel trägt? Wenn er tatsächlich fest einschlafen sollte, fällt der Stein auf seinen Fuß und er schreckt auf. Das hat die Natur wunderbar eingerichtet, findest du nicht?“
Der Vater machte ein unbewegliches Gesicht und sah seine Tochter von der Seite an. Hildegard wusste einen Augenblick nicht, ob der Vater es ernst gemeint oder einen Witz gemacht hatte. Doch dann lachte er auf und zog seine Tochter fest an sich.
Auch die Mutter umarmte und küsste sie, als der Wagen vor dem Tor des Benediktinerklosters ankam. Ein paar Klosterbrüder standen bereit, um das Gepäck in Empfang zu nehmen. Hildebert von Bermersheim und seine Gattin Mechthild wurden mit Respekt und Ehrerbietung empfangen. Der Abt eilte selbst zur Begrüßung herbei, schließlich war die Mitgift der Tochter beachtlich. „Willkommen auf dem Disibodenberg“, begrüßte er die neue Klausnerin. Hildegard erwiderte den Gruß, wusste nicht, ob sie lachen oder weinen sollte. Die Klosterbrüder redeten nicht, sie machten ein ernstes Gesicht. Aber jetzt kam Jutta von Sponheim herbei, die Meisterin der Klause. Sie war nur ein paar Jahre älter als Hildegard, doch schon gereift und ungemein gelehrt. Sie hatte ein durchgeistigtes Gesicht. Obgleich sie auf den ersten Blick streng aussah, musterten ihre hellen Augen wach die neuen Gefährtinnen. Blitzte da nicht auch der Schalk aus den Augenwinkeln?
Mit Hildegard bezog noch ein weiteres Mädchen, das ebenfalls Jutta hieß, die Klause auf dem Disibodenberg. Jutta war ängstlich, man sah es ihr an. Vielleicht hatte sie die Konsequenz dieses Schrittes unterschätzt, als sie die Zustimmung zum Klausnerleben gab. Oder hatte man sie einfach überstimmt? Ihre Eltern verabschiedeten sich weniger gefühlvoll von ihrer Tochter als Hildegards Vater und

Mutter. Sie machten sich nicht die Mühe, ihre Tochter zu trösten, sondern klopften ihr lachend auf die Schulter und meinten: „Es wird dir hier gut gehen. Mach dir keine Sorgen.“ Der Abschied war kurz und schmerzlich. Eine letzte, leidenschaftliche Umarmung, ein Kuss auf die tränenüberströmte Wange. Dann wandte sich die Kutsche. Hildegard sah ihr lange nach.

Gott hatte es gefügt. Hildegard unterwarf sich dem strengen Klausnerleben. Graf Meinhard von Sponheim, Juttas Bruder, hatte die Klause neben dem Benediktinerkloster bauen lassen, das er zudem mit zahlreichen Ländereien beschenkte. 1096 hatte Erzbischof Ruthard verfügt, dass anstelle der bis dahin dort lebenden Kanoniker Benediktiner den Disibodenberg besiedeln sollten, doch erst 1107 waren sie endgültig eingezogen. Hildegard erlebte den Aufbau und die Blüte der Mönchssiedlung, denn noch war das Kloster unfertig. Dann unter der Leitung von Abt Burchard entstand ab 1108 eine neue kreuzförmige dreischiffige Pfeilerbasilika, die St. Nikolaus-Kirche, die 1138 eingeweiht wurde.

Der Tag des Eintritts in die Klause war ein feierlicher Anlass nicht nur für die Klausnerinnen und die Mönche, sondern auch für die Bevölkerung der Umgebung. Der Gedanke, dass sich Menschen „einschließen“ ließen, um ganz nahe bei Gott zu sein und auf alles irdische Glück verzichten, forderte Respekt, und so machten sich viele Beter aus den umliegenden Ortschaften auf den Weg zum Disibodenberg, um an der „Inklusion“ teilzunehmen. Jutta von Sponheims und Hildegards Vater hatten den Benediktinern eine ansehnliche Schenkung an Geld und Grund gemacht.

„Die hohen Herrschaften haben seltsame Bräuche“, wunderte sich Friedhelm, einer der Knechte vom Benediktushof. Er kam gerade mit einer Fuhre Stroh am Fuß des Disibodenberges vorbei. „Nun rennen alle herzu, um mit anzusehen, wie zwei junge Mädchen sich für alle Tage einschließen lassen. Uns fehlen zwei Mägde in der Gesindeküche. Die beiden könnten bei uns rechtschaffen Dienst tun, statt ein Faulenzerleben zu beginnen."

„Das sag nicht zu laut", warnte ihn Gisbert, der zweite Knecht, „sonst bekommst du vom Gutsherrn die Peitsche. Beten und Gott preisen, habe ich gehört, soll auch ein Beruf und kein Faulenzerleben sein."

„Nun gut, so wird wohl Gott, der Herr, ihnen das Getreide in die Mühle fahren und zu Mehl mahlen lassen, damit sie im Winter genug Brote zu essen haben."

Der zweite Knecht lachte schallend auf. „Sag ihnen doch, dass sie für dich beten und schon mal um einen angenehmen Ruheplatz im Himmel nachsuchen sollen."

Gisbert murmelte ein paar unverständliche Worte vor sich hin. Dann trieb er die Ochsen an. Knarrend setzte sich das Gefährt wieder in Bewegung.

Zunächst feierten die Mönche mit den Klausnerinnen einen Gottesdienst in der Klosterkirche, der einer Totenfeier ähnelte, denn die drei jungen Frauen waren nun der Welt gestorben. Dann zog die kleine Prozession Psalmen und Hymnen singend zur Klause. Die drei jungen Frauen trugen Kerzen in ihren Händen. Das Licht erinnerte an die Öllampen der klugen Jungfrauen, die auf den Bräutigam warten. Dreimal ertönte ein kräftiges „Ja" auf die Frage des Abtes, ob sie zu ihrem neuen Lebensstand bereit seien. Der Meisterin Jutta legte man ein großes Kreuz auf die Schulter – den einzigen Schatz und Schmuck in der Klause. Als die Zeremonie vorüber war, verließen die Geistlichen die Einsiedelei, und vor ihren Augen und denen der Zuschauer wurde die einzige Verbindungstür zur Außenwelt zugemauert …

Ein Schauder lief Hildegard über den Rücken, als der letzte Stein gesetzt wurde und das Licht des Tages hinter ihm verlosch. Jetzt war es dunkel im Raum. Jutta, die dritte Klausnerin, klammerte sich an Hildegard. Sie zitterte.
„Hast du Angst?“, fragte Hildegard leise. Jutta nickte. Sie wagte nicht zur Meisterin Jutta von Sponheim hinüberzublicken, die sich auf einen Gebetsschemel niederließ und leise eine Antiphon anstimmte.
„Du musst dich nicht fürchten“, gab Hildegard zur Antwort. „Wir sind ja nicht allein. Gott, der Herr, ist mitten unter uns.“
„Jetzt leben wir in einem Grab oder in einem Verlies“, flüsterte Jutta, und ihre Augen waren wie vor Entsetzen weit geöffnet.
Doch das war nur der erste Eindruck von der neuen Umgebung; die Klause, die sie nun zu dritt bewohnten, war weder dunkel wie ein Grab noch klein. Es gab einen Wohn- und einen Schlafraum und dazu ein Arbeitszimmer. Auf einer Feuerstelle konnten die bescheidenen Mahlzeiten zubereitet werden. Jede hatte eine Schüssel, einen Napf, einen Krug. Ferner ein Unterbett mit einem Kissen für den Kopf. Es gab auch einen Ort, an dem man sich waschen und seine Notdurft verrichten konnte. Völlig von der Außenwelt abgeschlossen waren die Frauen nicht. In einem kleinen, von einer hohen Mauer umschlossenen Garten konnten sie Kräuter ziehen, Gemüse anbauen und sich in der frischen Luft erholen. Vom Wohnraum der Klausnerinnen öffnete sich ein Fenster zum Inneren der Klosterkirche. Aus der Distanz konnten sie an den Gottesdiensten der Mönche und den Stundengebeten teilnehmen.
Es gab neben der Eucharistiefeier sieben gemeinsame Gebetszeiten. Die Laudes wurden bei Tagesanbruch gesungen, es folgten die Prim um 6 Uhr, die Terz um 9 Uhr und die Sext um 12 Uhr. Die Non schloss sich um 15 Uhr

an, gefolgt von der Vesper beim Aufgang des Abendsterns. Die Komplet beendete den Tag bei Einbruch der Nacht. Doch auch in der Nacht gönnten sich Klostergemeinschaft und Klausnerinnen keine Ruhe. Die Vigilia oder Matutin erforderten Aufmerksamkeit und Wachsamkeit. Es war ein schweres Opfer, auf Schlaf zu verzichten. Die Klause der drei Frauen besaß noch zwei weitere Fenster. Das eine ließ Licht und Luft in den Klausurbereich, das andere öffnete sich zum Klosterhof und diente zur Durchreiche von Versorgungsgütern oder zum Gespräch mit Rat suchenden Besuchern aller Stände. Jutta von Sponheim war eine gefragte Gesprächspartnerin in geistigen und weltlichen Dingen. Vielen Menschen schrieb sie auch Briefe.

Jutta von Sponheims Eintritt in die Klause hatte sich nicht so problemlos vollzogen wie der Hildegards. Gern wäre sie zu einer Pilgerfahrt aufgebrochen, um die Wirkungsstätten Jesu zu sehen, doch ihre geistige Mentorin, die Witwe Uda von Göllheim, hatte den Plan vereitelt. Nach deren Tod 1108/09 hoffte Jutta, endlich zum Ziel ihrer Sehnsucht zu gelangen, doch diesmal stellte sich ihr Bruder, Graf Meinhard von Sponheim, Familienoberhaupt und Erbe, quer. In Juttas Vita, die ein Mönch vom Disibodenberg später verfasste, hieß es beschönigend: Ihr Bruder Meinhard bemühte sich, als ihm bekannt wurde, dass er ihre Abwesenheit nicht würde ertragen können, die Wallfahrt seiner Schwester zu verhindern, und schaltete als Vermittler Bischof Otto von Bamberg seligen Angedenkens ein. Eine adelige Dame auf eine so weite Reise zu schicken, war ein Ding der Unmöglichkeit ... Ein Verbündeter Juttas war Ruthard, Erzbischof von Mainz, dem die siebzehnjährige junge Frau gelobt hatte, unverheiratet zu bleiben und ihr Leben Gott zu weihen, womit die Eltern ganz und gar nicht einverstanden waren. Nun also be-

mühte sich Otto von Bamberg, ein frommer Mann und angesehener Repräsentant des bischöflichen Amtes, Jutta von ihren Wallfahrts-Plänen abzubringen.
Die Ruhe, die die drei Frauen in ihrer Klause anstrebten, wurde über einen langen Zeitraum durch Hämmern und Sägen, Klopfen und Feilen gestört. Manchmal fiel es schwer, sich auf einen Gedanken zu konzentrieren, den die Meisterin Jutta vorgab. Das Rufen und Fluchen der Bauarbeiter und die Geräusche der Arbeit an der neuen Klosterkirche drangen zu ihnen herein. Erst wenn die Nacht einfiel, kam der Berg zur Ruhe.
Die Meisterin sah die Anspannung in den Gesichtern ihrer beiden Mitschwestern und hatte immer ein Wort des Trostes bereit. Doch sie bestand auf der Härte und Konsequenz der selbst auferlegten Gesetze. Im Gegensatz zu Hildegard hatte sie mit ihrer Familie manchen Kampf ausfechten müssen, bevor ihr diese Lebensform gestattet worden war. Dass sie den Weg in die „vita religiosa" außerhalb des Klosters einschlagen wollte, entsprach nicht den Vorstellungen ihrer Angehörigen. Allerdings hätte sie den Disibodenberg wohl kaum als Refugium gewählt, wenn ihr Bruder Meinhard, nach dem Tode der Eltern das Familienoberhaupt, nicht darauf bestanden hätte. Jutta, die sich von der Witwe Uda von Göllheim unterweisen ließ, zielte in ihren monastischen Vorstellungen weit über die benediktinischen Anforderungen hinaus, ein Beispiel, das bald auf ihre Schutzbefohlenen abfärbte.
Als Meisterin war Jutta von Sponheim fürsorglich und gerecht. Sie forderte den Klausnerinnen nichts ab, was sie nicht selbst zuvor erprobt und für gut gefunden hatte. Doch sie schonte sich nicht, und die Übungen der Demut und Unterordnung nahmen manchmal groteske Formen an. Sie marterte ihren Leib nicht nur mit Rutenschlägen, sondern auch mit einer dornigen Kette, die sie um die

Hüfte trug. Hildegard hatte bemerkt, dass das Gewand an dieser Stelle manchmal von Blutflecken durchtränkt war. Jutta von Sponheim war streng mit sich selbst. Sie verzieh sich die kleinen Verfehlungen nicht, sondern sie kasteite sich durch Schlaf- und Essensentzug. Manchmal, wenn Hildegard nachts nicht schlafen konnte, hörte sie die Meisterin nebenan Gebete murmeln. Einmal drang das Geräusch von Schlägen an ihr Ohr. Das aufgeschreckte Mädchen schlich sich aus dem Schlafraum in die Kapelle. Da stand Jutta von Sponheim in einer Ecke des kleinen Gotteshauses und peitschte mit einer Rute ihren entblößten Rücken. Dabei seufzte und stöhnte sie. Ein feiner Streifen Blut lief die Wirbelsäule hinunter … Nein, eine solche selbst auferlegte Strafe für irgendeine kleine Verfehlung würde sie, Hildegard, nicht auf sich nehmen!

Das erste Jahr verging. Lehrjahre sind keine Herrenjahre, das erfuhr Hildegard schon bald. Sich an den Rhythmus des Tages mit seinen Gebetszeiten, seinen Unterrichtsstunden und seiner Rekreation zu gewöhnen, brauchte seine Zeit. Ob der Fischreiher wohl noch am Ufer der Nahe steht?, fragte sich das junge Mädchen und lächelte bei dem Gedanken an den Stein im Schnabel, der ihn im rechten Augenblick vor dem Einschlafen bewahrt … Vater war ein Spaßvogel. Hildegard vermisste sein schalkhaftes Lachen und seinen Humor. Ob die Mutter nachts in die Kissen weinte?
Hildegard fügte sich in den Klausuralltag, der festen Regeln unterlag. Die geheimnisvollen Visionen ließen nicht nach. Doch die Zeit, in der sie über ihre Schauungen unverblümt sprechen konnte, war vorbei. Mit zunehmendem Alter sprach oder schrieb sie weniger darüber. Sie ahnte, dass ihr inneres Sehvermögen eine nur ihr zugedachte Gabe und Gnade war, über die andere Menschen nicht verfüg-

ten. Hatte sie sich zunächst nicht immer wieder erschrocken, wenn die Übermacht der Schauungen sie heimsuchte? Wie oft hatte sie früher den Kreis der spielenden Jungen und Mädchen verlassen, wenn die unerklärlichen Bilder über sie kamen, hatte sich geschämt und im Stillen geweint. Doch inzwischen hatte sie gelernt, dass der Blick in die Anderswelt zu ihr gehörte wie ein zweites Gewand.

Die Zeit ging ins Land. Jutta, die jüngere Mitschwester, suchte immer wieder das Gespräch mit der geistigen Gefährtin. Die täglichen Pflichten des Klausnerinnenalltags erschienen ihr zu schwer, brachten sie an ihre physischen und psychischen Grenzen. Sie war sich nicht sicher, ob sie die geistigen Übungen und körperlichen Selbstkasteiungen mit Fasten und Schlafentzug auf Dauer aushalten würde. Dabei hatte Jutta von Sponheim verkündet: „Wir wollen es nicht so streng halten wie der Ire Paternus, der um 1000 von der ‚grünen Insel' als Missionar nach Germanien kam, um sich als Inkluse einem Kloster der Benediktiner anzuschließen. Er baute seine Zelle neben dem Abdinghofkloster in Paderborn. Aber er verließ seine karge Behausung auch nicht, als ein Brand ausbrach und die Stadt einäscherte. Das Feuer verzehrte seine Klause und auch ihn, weil der die Stabilitas loci, das Versprechen, an dem einmal gewählten Ort zu verweilen, nicht brechen wollte."

Wenn ich mit offenen Augen betrachte,
was du, mein Gott, geschaffen hast,
besitze ich hier schon den Himmel.

Ruhig sammle ich im Schoß
Rosen und Lilien und alles Grün,
während ich deine Werke preise.

Eines Tages, während der Pflanzzeit im Klausnergarten, die Luft war lau und die Bäume und Sträucher trugen den Keim des beginnenden Frühlings, sprach die jugendliche Jutta wieder über die von der Meisterin auferlegte Zucht.

Hildegard teilte die Sorgen ihrer Mitschwester. „Weißt du, Jutta", sagt sie, „die Abtötung des Fleisches bringt uns unserem Herrn Jesus Christus gewiss Schritt für Schritt näher. Wir wollen arm sein wie er, der für uns in einem Stall zur Welt kam und einen langen Leidensweg auf sich nahm. Es gibt manche Bestrebungen unter Christen in unserem Land, wieder so zu leben wie er."

„Gegen ein Leben in Einfachheit und mit maßvollen Opfern sage ich ja nichts", erwiderte Jutta, „ein solches Leben habe ich ja angestrebt, sonst wäre ich nicht hier. Aber muss denn die klösterliche Zucht zur Hölle werden, aus der man keinen Ausweg weiß?"

Hildegard schnitten diese Worte tief ins Herz. So tief verwundet war die Seele ihrer Mitschwester und so verzweifelt der Leib? Sie nahm Jutta in die Arme und suchte nach Worten des Trostes.

„Ich darf dir gestehen, dass auch ich oftmals leide", bekannte sie schließlich. „Was du aussprichst, bewegt auch mich zutiefst. Der Mensch soll sich nicht über das Maß Beschwerlichkeiten aufladen."

„Aber du erträgst diese Beschwerlichkeiten leichter als ich", entgegnete Jutta. Sie war den Tränen nahe.

„Ich halte sie aus, ja, das ist wohl wahr. Aber es fällt mir nicht leicht."

Jutta war froh, dass Hildegard so offen aussprach, was sie fühlte und empfand. Nun war sie mit ihren Gedanken nicht mehr allein.

„Bedenke, Jutta", fuhr Hildegard fort, „der Leib ist das Haus der Seele. Die Seele liebt ihren Leib und hält ihn für

ein erfreuliches Gewand und eine schöne Zier. Und die Seele hat ihre Freude daran, im Leib schöpferisch tätig zu sein. Die Seele spricht: Wie freue ich mich, dass ich zu euch gesandt wurde, ihr, mein Leib, und ihr, meine Glieder."
Auch wenn die Bußübungen auf dem Disibodenberg in ihrer Härte der Harmonie zwischen Leib und Seele nicht entsprachen, fielen Hildegards Worte Jutta tröstlich ins Herz. Sie atmete befreit auf. Nun würde sie die nächste Zeit leichter ertragen können. Die Klausnerinnen widmeten sich wieder ihrer Arbeit, bereiteten den Boden für die Kräuter, die hier im Verlauf des Jahres ihre Heilkraft entfalten sollten. Bald stiegen die Gerüche von Kamille, Schafgarbe, Tausendgüldenkraut, von Spitzwegerich, Engelwurz und Arnika, von Wacholder, Salbei und Fenchel aus dem von der Sonne durchtränkten Boden in den umzirkelten Klausengarten auf.

Die Jahre zogen ins Land. Die Winter waren streng. Es schien, als wollte die Kälte sich in den Klostermauern festbeißen und zur ständigen Mitbewohnerin werden. Es gab nur ein Feuer, an dem sich die drei Inklusen wärmen konnten, im Kamin, wo die Flammen züngelten, aber nur vordergründig ihre Hitze verströmten. Der hintere Teil des Raumes blieb kalt. Nachts zog sich Hildegard das Bärenfell bis über die Ohren, doch ihre Glieder schlotterten, die Kutte hielt die Wärme nicht fest. Besonders der Februar war in diesem Jahr außergewöhnlich streng. Schnee lag auf den Bäumen. Manchmal rieselte er wie durch ein Sieb geschüttelt leise auf den Boden des Kräutergartens. Bäumte er sich gegen den Frühling auf, den er ahnte und der ihm den Garten streitig machen würde? Noch stand die Sonne tief über dem Horizont, noch stieg sie nicht am Himmel empor und durchflutete die erstarrte Erde.

Hildegard schätzte das Weiß des Schnees nicht. Das Weiß blendete die Augen. Hildegards Lieblingsfarbe war Grün. Grün war die Lebensfarbe, unter der alles spross und gedieh. Grün war die Hoffnung, war ein sorgenfreier Blick in die Zukunft.
Weitere junge Frauen baten um Aufnahme in die Klause und teilten das Leben der drei Einsiedlerinnen. Die mönchischen Tageszeiten, das Chorgebet, die feierlichen Gottesdienste erlebten sie aus der Distanz zur Klostergemeinschaft vom Fenster ihres Refugiums aus. Psalmen, Schriftlesungen, Antiphonen, Responsorien, Hymnen – sie hoben die Stunden aus dem Arbeitsalltag der Nonnen. Bei Tisch hörten sie die Lesungen aus den Schriften oder die Viten der Heiligen, die ihnen Vorbild sein sollten. Vor allem wurde die Erinnerung an den heiligen Disibod lebendig, der Ende des achten oder zu Beginn des neunten Jahrhunderts aus Irland kommend hier seine Einsiedelei geschaffen hatte. Nach seinem Tod entstanden auf dem Berg ein Gotteshaus und eine klosterähnliche Anlage. Sie gehörte zu den ältesten kirchlichen Siedlungen im Mainzer Sprengel.
Hildegard war bereit, sich ganz dem frommen und entsagungsreichen Leben auf dem Berg zu weihen. Sie hatte ihren Lebensweg erkannt und wollte ihm, auch wenn er schwer werden würde, folgen. Gott hatte ihr in den Visionen die Richtung gezeigt, aber auch Halt gegeben.
Jutta von Sponheim hatte ihren Schützling über lange Zeiträume genau beobachtet, erkannte Hildegards Stärken und Schwächen, denn die immer wiederkehrenden Krankheiten waren ein Wagnis auf dem Weg zur vollkommenen Gottweihe. Doch Hildegard wollte nach der zeitlichen nun die ewige Profess eingehen.
„Du weißt, dass dich eine lebenslange Bindung an Gott erwartet, wenn du die Gelübde ablegen willst.“ Die Meis-

terin führte ein langes Gespräch mit Hildegard, hielt ihr den Ernst der Entscheidung vor Augen. Doch die Klausnerin war sich über ihren zukünftigen Schritt im Klaren. Auch mit dem Disibodenberger Mönch Volmar hatte sie sich beraten. Er würde ihr Mitwisser, ihr „symmista“, ihr Lehrer und Ratgeber werden. Hildegard bezeichnete ihn als „den Mann, den ich heimlich gesucht und gefunden habe“.

Hildegard hatte zwar keinen wissenschaftlichen Unterricht erhalten, wie man ihn in den Klosterschulen bekam, doch sie konnte lesen und schreiben, beherrschte aber die lateinische Sprache mehr schlecht als recht, sodass sie den feierlichen Offizien und der Liturgie zwar angestrengt folgen konnte, sich in ihr aber nicht fehlerfrei auszudrücken wusste. Sie las die Bibel, die Schriften der Kirchenväter und mancher mittelalterlichen Autoren. Auch die theologische Literatur der Zeit war ihr bekannt. Selbst altgriechische Schriftsteller und Philosophen wie Plato hatten mit einigen Arbeiten Eingang in die Klause gefunden.

Jutta hielt nach dem langen Gespräch mit Hildegard und dem Abt Anno des Benediktinerklosters den Zeitpunkt für gekommen, die Jungfrauenweihe vorzunehmen. Erzbischof Otto von Bamberg, der in den Jahren 1112 bis 1115 das Erzbistum Mainz mit verwaltete, weil Erzbischof Adalbert, von Kaiser Heinrich V. gefangen gesetzt, auf der Feste Trifels ein armseliges Leben fristete, leitete die Zeremonie. „Ich vermähle dich Jesu Christo, dem Sohn des höchsten Vaters …“ Hildegard empfing zutiefst bewegt den Schleier. Welchen Weg hatte Gott mit ihr vor? Eigene Entscheidungen würde sie nicht fällen, sondern sich stets auf die Stimme und die Bilder verlassen, die oftmals in Augenblicken zu ihr drangen, in denen sie es nicht erwartete. Diese Wahrnehmungsgabe gehörte zu ihr wie eine zweite Haut. Obgleich der Radius ihrer Bewegungen klein war, sich auf den Gang durch die Räume der Klause und auf den Garten beschränkte, wusste Hildegard um die Größe der Schöpfung. Sie kannte sie aus Kindertagen, als sie als kleiner Wildfang mit den älteren Geschwistern über die Wiesen getobt, sich übermütig im Gras gewälzt oder am Bach dem munteren Spiel der Forellen zugesehen hatte. Sie erfuhr das Aufblühen der Natur auch jetzt jenseits der Klostermauern, wenn sich die stämmigen Buchen im ersten Laub des Frühlings färbten, sah die Blätter grün und braun werden und schließlich zur Erde taumeln. Der Garten der Klause war ein Widerspiel im Kleinen dessen, was sich draußen tagtäglich ereignete. Alles war in Bewegung; Hildegard meinte den Atem Gottes, des Schöpfers, zu spüren. Für ihr Lob und ihren Dank fand sie Worte des Gebetes.

O wahrer Gott, welch große Geheimnisse
hast du in deinen Geschöpfen gestaltet
und dem Menschen, deinem großen Kunstwerk,
untergeordnet.
In dir und durch dich leben sie alle.
Durch deine Liebe ist alles geschaffen,
denn du, ewiger Vater, bist die wahre Liebe.

Es war ein großer Tag der Trauer, als Jutta von Sponheim in den Frieden Gottes heimging. Ihr Leben erlosch wie eine Kerze, die das letzte Stück Wachs verzehrt hatte und bis auf den Grund des Leuchters abgebrannt war. Es war der 22. Dezember 1136. Wenige Jahre zuvor hatte sie noch erlebt, dass ihr Bruder Meinhard dem Wunsch des verstorbenen Vaters folgend in Sponheim ein Benediktinerkloster stiftete.
Hildegard und eine Mitschwester bereiteten Jutta für das Begräbnis vor. Sie wuschen den Leichnam und waren ent-

setzt beim Anblick der Wundmale von der Selbstkasteiung, die den Körper zermartert hatten.
„Der offene Rücken und die zerquetschen Lenden … Ist das Gottes Wille? Ich kann nicht mehr hinsehen, Hildegard."
„Nein, das verlangt Gott nicht von uns. Der menschliche Körper ist seine Schöpfung. Und das Haus für die Seele, Katharina."
Das Totenglöckchen läutete. Das „Dies irae" klang zerbrechlich über der Begräbnisstätte auf dem Klosterfriedhof. Hildegard konnte die Tränen am offenen Grab nicht zurückhalten. Auch die Mitschwestern und die Anverwandten trauerten aus ehrlichem Herzen. Jutta von Sponheim war eine außergewöhnliche Frau gewesen. Sie hinterließ auf dem Disibodenberg eine schmerzhafte Lücke.

Politisch unruhige Jahre folgten. Das Geschlecht der Salier war erloschen, der Stauferkaiser Konrad III. war an der Macht mit wechselndem Nutzen und Schaden für das Reich. Er galt als schwächlich und unbelastbar, den die Gunst des mächtigsten der Fürsten, Erzbischof Albero von Trier, auf den Thron gebracht hatte und der nun in die Spannungen mit den inzwischen versippten Bayern- und Sachsenherzögen geriet. Seit Hildegards Inklusion auf dem Disibodenberg stand der dritte Abt dem Benediktinerkloster vor. Ruhige und unruhige Jahre lagen hinter der an Zahl wachsenden kleinen Frauengemeinschaft, deren Bedeutung für die Rat suchende Bevölkerung des Umlandes von den Mönchen allmählich zwiespältig aufgenommen wurde. Achtzehn Nonnen teilten sich inzwischen die Räume der im Laufe der Jahre erweiterten Klause. Denn zahlreiche religiöse Frauen wollten ein Leben wie die Mönche führen, entweder in Doppelklöstern, oder als Inklusen an Männerklöstern. Das Beispiel der Dop-

pelklöster ging auf die irische Äbtissin Brigid zurück, eine ursprünglich keltische Seherin, die das Christentum annahm und die in Kildare einem Kloster für Männer und Frauen vorstand. Jedoch das Laterankonzil von 1139 bereitete dieser Lebensform ein Ende. Die Frauen wählten Hildegard zu ihrer Meisterin, weil sie sich ihrer „discretio" und „temperantia" sicher waren. Oder sahen sie eine Möglichkeit, sich nach der übermächtigen Jutta von Sponheim dem Einfluss ihrer neuen Lehrmeisterin eher entziehen zu können? Denn Hildegard, obgleich erst achtunddreißig Jahre alt, kränkelte oft und ihre Kräfte waren nicht von Dauer.
„Ist es ratsam, eine so gebrechliche Frau zur Vorsteherin zu wählen?", äußerte sich eine Nonne voller Zweifel.
„Wir sollten den Heiligen Geist bitten, uns zur rechten Entscheidung zu verhelfen", mahnte eine andere.
Es gab Mitschwestern, die diese Bedenken der Kritikerinnen zerstreuten. Bedienstete hatte es in der Klause schon länger gegeben, denn die in den Konvent eingetretenen Frauen waren adeliger Herkunft. Beten, Bücher schreiben und Stolen weben waren Teil eines Tätigkeitsprogramms gegen den Müßiggang. Nein, es gab keinen Müßiggang. Er wäre das Loch gewesen, durch das der Teufel in die Seelen der Menschen schlüpft. Hildegard zeichnete sich durch tiefe Frömmigkeit, einen klaren Geist und ein offenes Wesen aus. Es gab keinen Grund, ihr zu misstrauen. Die Wirtschaftlichkeit der Klause war geregelt. Sie lag in der Hand des Abtes und seiner Stellvertreter. Die verschiedenen Aufgaben, etwa in der Küche, in der Vorratshaltung, in der Waschküche und Kleiderkammer waren auf einzelne Schwestern verteilt. So blieben die Tätigkeiten in Fluss, auch wenn Hildegard, die Meisterin, von Krankheiten heimgesucht wurde.
Aus sich vermochte sie nichts, das wusste die neue Vorsteherin des kleinen Konvents. Sie nahm sich stets be-

scheiden zurück, hielt sich in Wort und Schrift immer wieder für ungelehrt und für eine „ungebildete Frau“. Was ihr die Kraft zur Leitung der ihr anvertrauten kleinen Gottesgemeinde gab, war das Charisma ihrer Schau, eine Fähigkeit, die letztendlich Hildegards Geheimnis blieb. Sie schlief nicht, sondern war hellwach, nicht entrückt und nicht der Ohnmacht nahe, wenn sie die oft zunächst noch unerklärlichen Dinge sah und die Anweisungen Gottes vernahm. Doch immer deutlicher schälte sich die himmlische Botschaft aus den empfangenen Bildern. „Ich sehe diese Dinge nicht mit den äußeren Augen, höre sie nicht mit den äußeren Ohren“, bekannte sie, „ich sehe sie vielmehr einzig in meiner Seele, mit offenen leiblichen Augen, sodass ich niemals die Bewusstlosigkeit einer Ekstase erleide, sondern wachend schaue ich dies bei Tag und Nacht …“ In ihren Briefen und Schriften gab sie Auskunft über ihren Seelenzustand und löste bei vielen Menschen Erstaunen und Verwunderung aus.

Vierundzwanzig Jahre waren Jutta von Sponheim und Hildegard in der Klause auf dem Disibodenberg vereint gewesen, in der die Verantwortung für den kleinen Konvent einzig auf den Schultern der erfahrenen Meisterin ruhte. Jetzt blieben Hildegard trotz der ihr übertragenen Leitung einige Jahre in relativer Beschaulichkeit. Im Jahre 1141 bahnte sich ein Lebensabschnitt an, der alle ihre Kräfte einforderte: Die Stimme Gottes mahnte immer häufiger und eindringlicher, das, was sie in den Visionen schaute und hörte, schriftlich festzuhalten. „Schreibe, was du siehst und hörst!“ Hildegard war nach Gottes Ratschluss reif zur Verkündigung. Erst zögerlich und voller Angst, die ihr wieder ein mehrtägiges Fieber und den Aufenthalt im Krankenbett bescherte, dann mit wachsendem Eifer kam die Meisterin der Aufforderung nach und griff zum Stift. Zehn Jahre arbeitete sie insgesamt an ihrem ersten Werk

„Scivias, Wisse die Wege“, unterbrochen von manchen ungeahnten Zwischenfällen. Sie wurde zur Visionärin, Mystikerin und „prophetissa teutonica“– zur deutschen Prophetin. Auch „Posaune Gottes“ wurde sie später genannt, oder „Edelstein Bingens“ und „Rheinische Sybille“. Angenehm war ihr das nicht …
Es war ein gewaltiges Unterfangen, auf das sich Hildegard einließ, in das sie eingeführt wurde, die universale Schöpfungsgeschichte und die Erlösungstat Christi stellte sie den Lesern vor Augen. Nicht als abgeschlossene Begebenheit, sondern als fortwährendes Mysterium. In immer neuen Bildern und Schauungen wurde ihr das Geheimnis göttlichen Wirkens offenbart. Kosmos – Kirche – Welt, das waren nur drei der zahlreichen Grundbegriffe, die ihr nahegelegt wurden. Sie sah den Fall der Engel, die Erschaffung der Menschen und ihren Sündenfall, sie wurde mit dem „feurigen Werk der Erlösung“ durch Christus vertraut, das sich im Heilsmysterium der Kirche bis in die Gegenwart fortsetzte. Hildegard sah den Erlöser, den Maria, die „Morgenröte“, der Welt geschenkt hatte, und schaute den Urquell des Lebens in gleißendem, doch nicht blendendem Licht, den Vater, den Schöpfer aller Dinge. Den Mensch gewordenen Sohn Gottes nahm sie in diesem überirdischen Licht als saphirblaue Menschengestalt wahr, die von einer dunkelroten Lohe ganz durchflutet war – das Bild für den Heiligen Geist. Diese Vision wurde in einer alles durchdringenden Lichtfülle offenbar – das Bild der Heiligen Dreifaltigkeit. Immer wieder neue Bilder erschienen vor dem geistigen Auge Hildegards, und immer ergriffener geriet sie in den Sog der Schauungen, die sie von Mal zu Mal überwältigten.
Beharrlich steht der Auftrag des Himmels vor ihren Augen der Seele: „Schreibe, was du schaust und hörst … Sage und schreibe nicht nach der Art der Menschen, wie

es sich Menschen in ihrem Erkenntnisweg ausdenken, sondern so, wie es dir in deiner Schau gezeigt wird, wie du es in Gottes Wirklichkeit wunderbar siehst und hörst. Schreibe es so, wie es derjenige will, der alles weiß, alles sieht und in seinen Entscheidungen alles geheimnisvoll ordnet."

Hildegard schrieb zunächst auf Wachstäfelchen. Darauf wählte sie Pergament, auf das sie die Texte übertrug. Anschließend nahm sie die Korrektur des Geschriebenen vor. Später half die Nonne Richardis ihr bei den Satzformulierungen. Danach ließ sie die Reinschrift von einem ihrer Sekretäre ausführen, der ihr behilflich war.

„Ich bitte dich, Volmar, sei ein gestrenger Korrektor. Ich kenne zwar die Grundzüge des Schreibens, doch mit der Grammatik und Satzstellung habe ich meine Schwierigkeiten. Sei so frei und korrigiere, wo dir meine Sätze zu holprig erscheinen."

Der Mönch Volmar versprach es mit einem verschmitzten Lächeln auf den Lippen. Eifrig machte er sich an die Arbeit des Kopierens. Doch verändern, nein, das wagte er nicht. Denn je mehr er sich in den Inhalt vertiefte, umso mehr war er davon überzeugt, dass dies nicht Hildegards Ausdrucksweise war. Dieser Text war nicht menschlichen Ursprungs. Woher hätte die Ordensfrau sich dieses Wissen aneignen können? Er konnte nur von Gott eingegeben sein. Volmar war so ergriffen, doch zugleich auch so beunruhigt, dass ihm dieser Stoff anvertraut wurde, dass er Abt Kuno ins Vertrauen zog. Auch der Abt scheute sich und riet dem Mönch ab, auch nur irgendeine Zeile umzustellen und den „Stil Gottes" dadurch möglicherweise zu verfälschen. Sie beide wollten nicht die „Feile" sein, um die vermeintlichen Unebenheiten der Sätze zu glätten.

Was Hildegard sah oder erfuhr, geschah in Symbolen, in Bildern. Das Rad wurde für sie zu einem zentralen Bild.

Das Rad, das sich dreht, das zugleich ein Kreis ist, der alles umfasst.

Eines Tages erhielt Hildegard Post von Elisabeth von Schönau. Sie war Äbtissin in einem Taunuskloster. Auch sie war mit einer visionären Schau begabt, doch ganz anders als Hildegard. Wenn diese Seherin Dinge aus der Anderswelt schaute, war sie dem Zustand der Ekstase nahe, der sie aus der gewohnten Umwelt entrückte. Erst nachdem die Vision vorbei war, kehrte ihr Geist allmählich in den irdischen Zustand zurück.
„Ich bitte dich um geistlichen Trost, meine Schwester", hatte Elisabeth geschrieben und um ihre Fürbitte beim himmlischen Vater nachgesucht. Zugleich schilderte sie in ihrem Brief über ihre visionäre Erfahrung der Trinität Gottes: „Beim Nahen des Weihnachtsfestes bereitete ich mich zwei Tage vorher auf den gewohnten Austritt des Geistes aus dem Körper vor. Als die Vesper des Weihnachtsfestes herbeigekommen war, geriet ich endlich in die Ruhe der Ekstase. Ich fühlte mich wie in die Höhe erhoben und sah ein offenes Tor im Himmel, und das ehrwürdige Geheimnis, das ich am Allerheiligenfest geschaut hatte, wurde mir zum dritten Mal gezeigt …"
Nein, diese Erfahrung teilte Hildegard nicht. Ihr Seelenzustand blieb unverändert, wenn sie die Dinge schaute, die Gott sie sehen ließ. Deshalb tröstete sie die Mitschwester in mehreren Briefen. „Höre, meine bekümmerte Tochter", schrieb sie, denn sie wusste wohl, dass sich Elisabeth wie einst Jutta von Sponheim über die Maßen züchtigte und kasteite. „Lerne Maßhaltung! Sie ist für Himmlisches und Irdisches die Mutter aller Tugenden. Denn durch sie wird die Seele geleitet und ebenso der Leib in rechter Zucht ernährt."

Hildegard selbst war immer wieder im Zweifel, ob die Sehergabe tatsächlich von Gott stammte. Die Zeiten innerer Unruhe und Unsicherheit wurden von Krankheiten begleitet. Kehrte die Gewissheit ihrer Sendung zurück, wichen auch Fieber und Schwäche. Absolut sicher war sie sich jedoch nie.

„Du sieht von Tag zu Tag bleicher aus, würdige Mutter", stellte Schwester Eustochium besorgt fest. „Was bringt dich um deinen Schlaf?"

„Mach dir keine dunklen Gedanken, meine Liebe. Du weißt, dass ich ein kränklicher Mensch bin. Immer, wenn wichtige Entscheidungen anstehen, sucht mich eine Krankheit heim."

„Sorgst du dich um unser Kloster?"

Doch auf diese Frage erhielt Schwester Eustochium keine Antwort. Die Nonnen wussten zwar um die eifrige Schreibtätigkeit ihrer Meisterin. Aber mit ihren himmlischen Eingebungen blieb sie allein. Nur dem verschwiegenen und erprobten Mönch Volmar hatte sie sich anvertraut. Manche Mitschwestern ahnten vielleicht etwas Außergewöhnliches und Geheimnisvolles, vor allem, wenn ihre Äbtissin sich voller Sorgen auf ihrem Krankenlager wälzte. Die Zweifel, ob die Botschaften tatsächlich göttlichen Ursprungs waren, machte Hildegard mit sich selbst aus. Einerseits war sie von ihrer Echtheit überzeugt. Aber warum offenbarte sich Gott ihr, wenn sie nicht von den Offenbarungen Gebrauch machen durfte zum Heil der ihr anvertrauten Menschen und der Menschheit überhaupt? Die Nonnen begegneten ihrer Meisterin in bedrückenden Stunden mit Scheu und Respekt.

Eines Tages entschloss sich Hildegard zu einem mutigen Schritt: Bernhard von Clairvaux war eine bekannte theologische Persönlichkeit. Manche Menschen warfen ihm zwar einige harsche und unheilvolle Äußerungen, etwa

den Aufruf zum Kreuzzug gegen die Elbslaven, vor, auch seine Meinung über Frauen war umstritten, doch die von ihm eingeleiteten Reformen des Ordenlebens trugen überall Früchte. Die Klöster der Zisterzienser waren zu festen Burgen des Glaubens geworden. An Bernhard wollte sich Hildegard wenden, um seine Meinung zu ihrer Sehergabe zu erbitten.
Der Brief begann sie mit den üblichen Redewendungen der Höflichkeit: „Wunderbar stehst du da in hohen Ehren aus Gottes Kraft …“ Doch rasch kam sie auf den Kern ihres Anliegens zu sprechen: „Ich bin gar sehr bekümmert ob dieser Schau, die sich mir im Geiste als ein Mysterium auftat. Niemals schaute ich sie mit den äußeren Augen des Fleisches. Ich, erbärmlich und mehr als erbärmlich in meinem Sein als Frau, schaute schon von meiner Kindheit an große Wunderdinge, die meine Zunge nicht aussprechen könnte, wenn nicht Gottes Geist mich lehrte zu glauben. Milder Vater, du bist so sicher, antworte mir in deiner Güte, mir, Deiner unwürdigen Dienerin, die ich von Kindheit an niemals in Sicherheit lebte, nicht eine einzige Stunde. Bei deiner Vaterliebe und Weisheit forsche in deiner Seele, wie du im Heiligen Geiste belehrt wirst, und schenke deiner Magd aus deinem Herzen Trost …“
Sie schrieb sich ihren Kummer von der Seele. Ihr Vertrauen in den gelehrten Abt, der überall großes Ansehen genoss, war groß. Sie gestand, dass ihr vieles Gehörte und Geschaute fremd blieb, denn: „Ich bin ja ein Mensch, der durch keinerlei Schulwissen über äußere Dinge unterwiesen wurde. Nur innen in meiner Seele bin ich unterwiesen.“ Und sie hoffte: „Um der Liebe Gottes willen begehre ich, Vater, dass du mich tröstest. Dann werde ich sicher sein. Gütiger und milder Vater, ich bin in deine Seele hineingelegt, damit du mir durch Dein Wort enthüllst, ob du willst, dass ich dies offen sagen oder Schweigen bewah-

ren soll. Denn große Mühen habe ich in dieser Schau, inwieweit ich das, was ich gesehen und gehört habe, sagen darf. Ja, bisweilen werde ich – weil ich schweige – von dieser Schau mit schweren Krankheiten aufs Lager niedergeworfen, sodass ich mich nicht aufrichten kann …"
Der Brief nahm seinen Weg nach Frankreich. Es dauerte Wochen, bis er sein Ziel erreichte. Fast jeden Tag trat Hildegard an das Fenster der Klause, das die Gemeinschaft mit der Öffentlichkeit verband, und wartete auf den Boten, der Antwort bringen würde.
Derweil betete Hildegard. Sie betete oft. Im Grunde war ihre ganze menschliche Existenz ein fortwährendes Gebet. Da Gott zu ihr sprach und sie mit ihm aufs Innigste verbunden war, konnte sie ihn nur immer wieder loben und preisen.
Bernhard von Clairvaux nahm sich Zeit; er war ein viel beschäftigter Mann. Doch eines Tages erreichte ein Schreiben aus seiner Hand den Disibodenberg. Er nannte Hildegard „die in Christo geliebte Tochter", für die „Bruder Bernhard betet". Die Menge der Geschäfte zwinge ihn, die Antwort kürzer ausfallen zu lassen, als er gern getan hätte. „Wir freuen uns mit dir über die Gnade Gottes, die in dir ist", schrieb der Abt. „Und was uns angeht, so ermahnen und beschwören wir dich, dass du sie als Gnade erachtest und ihr mit der ganzen Liebeskraft der Demut und Hingabe entsprichst …" Sah so eine hilfreiche Antwort aus? Hildegard entnahm dem Brief zwar, dass Bernhard an ihre Sehergabe glaubte, doch ob sie die Offenbarungen veröffentlichen, oder zumindest darüber sprechen sollte, blieb unklar.

Die Meisterin war noch mitten in der Niederschrift ihres großen Werkes „Scivias", da erlebte sie eine begnadete Stunde: Der Zisterzienserpapst Eugen III. nahm

von November 1147 bis Februar 1148 auf Einladung des Erzbischofs Adalbero an der Synode von Trier teil. Er hatte schon von der ungewöhnlichen Schreibarbeit Hildegards gehört und forderte, unterstützt vom Mainzer Domkapitel, das Manuskript an. Zugleich schickte er eine Kommission mit dem Bischof von Verdun an der Spitze auf den Disibodenberg, Hildegards Sehergabe zu prüfen. Abt Kuno hatte den ersten Schritt dazu getan, als er die klügsten seiner Mönche ins Vertrauen gezogen und ihnen Teile der Hildegard-Dokumentation vorgetragen hatte. Bald waren alle von den übernatürlichen Vorgängen überzeugt. Weil ihm sein eigenes Urteil nicht genügte, hatte sich der Abt an die Mutterkirche in Mainz gewandt und Erzbischof Heinrich und dem Domkapitel berichtet. Dabei legte er die ersten Schriften der Meisterin vor. Schließlich gelangten die Schriftstücke in die Hände des Papstes. Hatte der Abt sie bewusst und gezielt in die Öffentlichkeit dringen lassen, um das Ansehen des Disibodenberges zu steigern? Die Rechnung ging auf. Der Papst befasste sich eingehend mit den Visionsberichten und stützte sich auch auf die Aussagen der Prüfungskommission. „Es besteht kein Zweifel“, so verkündete er, „dass die Meisterin der Disibodenberger Klause über eine von Gott ausgehende Fähigkeit des geistigen Schauens verfügt.“ Öffentlich las er den Kardinälen, Bischöfen und Theologen einen Teil der „Scivias“ vor und forderte Hildegard auf, alles, was sie in ihrer geistigen Schau vernahm, gewissenhaft niederzuschreiben. Er nannte Hildegard eine „Rauchsäule in der Wüste“.
Auch Bernhard von Clairvaux nahm an der Synode teil. Er bat den Papst, er möge nicht dulden, dass ein solch hell strahlendes Licht von Schweigen überdeckt werde, er solle vielmehr eine solche Begnadung durch seine Autorität bestätigen. Natürlich blieb der Vorgang der Öffentlichkeit nicht verborgen. Er sprach sich herum, und Hildegard

stand im Zentrum der Aufmerksamkeit. Die Augen der heimischen Welt waren auf sie gerichtet.
Hildegard bedankte sich in einem Brief an den Papst, indem sie Eugen III. schrieb: „O milder Vater, ich armseliges Gebilde habe dir dies geschrieben in wahrhaftiger Schau, im geheimnisvollen Hauch, so wie Gott es mich lehren wollte. O strahlender Vater, als Papst kamst du in unser Land, wie Gott es vorherbestimmt hat, und nahmst Einsicht in die Geschichte der wahrhaftigen Gesichte, wie das lebendige Licht sie mich lehrt. Du hörtest sie und nahmst sie auf in dein Herz. Nun ist dieser Teil der Schrift beendet. Doch das Licht hat mich nicht verlassen. Es brennt in meiner Seele, wie ich es von Kindheit an gehabt. Daher sende ich dir jetzt diesen Brief auf die wahrhaftige Mahnung Gottes hin …"
Hildegard bat nicht nur, ihre Aufzeichnungen zu bestätigen, damit sie denen bekannt gemacht werden konnten, die für ihre Offenbarungen ein aufgeschlossenes Herz hatten, sie warnte zugleich: „Hüte dich, diese Gottesgeheimnisse zu verachten. Denn sie sind notwendig mit jener Notwendigkeit, die noch verborgen ist und noch nicht offen erscheint."

Immer öfter dachte Hildegard nun darüber nach, ein neues Kloster zu bauen. So viele adelige Frauen kamen zum Disibodenberg und baten um Aufnahme. Die Räumlichkeiten der Klause konnten die Bewerberinnen nicht fassen, Hildegard musste nach einer neuen Lösung Ausschau halten. Außerdem traten zunehmend Schwierigkeiten mit der Mönchsgemeinschaft nebenan auf. Vielleicht hatte Gott ein Einsehen, wenn er sah, welche Spannungen das nachbarschaftliche Zusammenleben aufwarf. Hildegard fühlte sich von den Mönchen in ihrer und der Mitschwestern Lebensweise bedrängt und eingeengt. Abt

und Konvent nahmen zunehmend Einfluss auf das Gemeinschaftsleben in der Klause.
Ein neues Kloster gründen? Zunächst wies Hildegard diesen Gedanken weit von sich, wurde krank, war unglücklich. Sie war keine Frau, die der Wagemut packte, wenn eine Idee reif wurde. Sie verdrängte die Aufgabe, hoffte, dass die Vision nicht wiederkehren würde. Doch Gott beharrte auf dem Plan, ein neues Kloster zu errichten. Hildegard zog ihre Mitschwestern zu Rate.
„Umziehen? In ein neues Kloster? Ich fühle mich zu alt dazu“, sagte Schwester Barbara.
„Willst du dir auf Dauer immer mehr von den Mönchen dreinreden lassen?“, begehrte Schwester Anastasia auf.
„Mit Gottes Hilfe werden wir es schaffen.“ Davon war Schwester Appolina überzeugt. „Ich werde meinen Bruder bitten, uns einige Knechte für den Umzug zu schicken und dazu Bauleute, die bei den Arbeiten helfen können.“
Doch noch konnte sich Hildegard nicht entscheiden. Zweifel an ihren Fähigkeiten lagen im Streit mit dem göttlichen Befehl. Wohin sollte sie mit ihrer Klostergemeinschaft denn ziehen? Noch hatte sie keine Vorstellung davon. Leerstehende, aufgegebene Klöster gab es zwar in deutschen Landen, aber wo? Sie konnte doch nicht ziellos umherirren und aufs gute Glück vertrauen. Gottes bohrender Befehl überzeugte am Ende auch die mutlose Hildegard. Sie würde, nein, sie musste auf Gott hören und ihm folgen.
Nicht alle Schwestern teilten Hildegards Mut zur Neugründung. Die Zahl derer, die in die Welt zurückkehren wollten, war beachtlich.
„Wer ist diese Frau, dass sie sich die Verwirklichung solcher Pläne anmaßt?“
„Wir sind für solche Experimente nicht zu haben. Geht es uns hier nicht gut?“, so lauteten die Einwände. „Woher will

sie denn das Geld nehmen? Glaubt sie denn, die Taler fallen vom Himmel?“

Ja, Hildegard war bettelarm. Über ihre stattliche Mitgift verfügt das Benediktinerkloster. Sie war trotz der finanziellen Zuwendungen einiger Gönner auf Almosen angewiesen.

Da überkam sie eine „wahrhaftige Schau“. Es war der Rupertsberg gegenüber Bingen, etwa einen Tagesritt vom Disibodenberg entfernt, der sich vor ihrem geistigen Auge erhob, an der Stelle, an der die Nahe in den Rhein mündet. Gesegnet war dieses Land und fruchtbar dazu. Das Klima war mild, vor allem in der Frühlingszeit schüttete die Natur ihr Füllhorn über die Berghänge aus. Blumen entfalteten ihr berauschendes Farbenspiel, die Äcker schimmerten fett und fruchtbar in der Sonne, die Rebstöcke standen wie zur Begrüßung Spalier. Nur der Berg selbst lag öde und verwahrlost vor ihr. Ein halbes Jahr verschwieg Hildegard die Vision. Durch das Gelübde war sie an den Disibodenberg gebunden. Aber sie konnte auch nicht in der Nachbarschaft der Mönche bleiben.

Noch aber lag ein schwerer Gang vor der Meisterin. Sie musste dem Abt und dem Mönchskonvent den ihr von Gott eingegebenen und vorgeschriebenen Schritt begründen. Bis sie sich endlich entschließen konnte, warf eine unbekannte Krankheit sie wieder auf das Schmerzenslager. Eine Weile konnte sie nichts sehen und sich nicht bewegen. Blind und steif lag sie auf dem Krankenlager. Derweil konnte sie den Ort des neuen Klosters nicht aussprechen, sie vermied seinen Namen. Doch als sie sich schließlich den Mitschwestern offenbarte, erhielt sie das Sehvermögen und die Beweglichkeit zurück. Dann bat sie den Abt Kuno um Audienz.

Der Weg zu ihm fiel Hildegard schwer. Obgleich es nur ein paar Schritte waren, die die Klause vom Kloster trenn-

ten, meinte sie, Stunden für den Weg zu brauchen. Schließlich wurde sie ins Besuchszimmer geführt und saß dem Abt gegenüber. Stotternd brachte sie ihr Anliegen vor.
„Rupertsberg? Kommt überhaupt nicht in Frage!“, war die abweisende Reaktion des Klostervorstehers. „Wer kennt schon diesen Ort? Die Klause am Disibodenberg ist nicht ohne Grund vom Vater unserer seligen Jutta von Sponheim gestiftet worden. Habt ihr euch nicht in all den Jahren in unserer Nachbarschaft wohlgefühlt? Was sind das jetzt für Flausen, Frau Hildegard?“
„Es sind keine Flausen“, wendete Hildegard zaghaft ein. „Es ist der Befehl meines Meisters.“ Sie rieb ihre schweißnassen Hände und fühlte sich zutiefst unwohl.
„Ja, ja, edle Frau, damit kannst du dich bequem herausreden. Bist du sicher, dass Gott in dieser Sache wirklich zu dir gesprochen hat?“
„Absolut sicher“, sagte Hildegard. Allmählich gewann ihre Stimme an Festigkeit.
„Der Rupertsberg ist Eigentum des Grafen von Hildesheim, hast du das vergessen?“, wendete Abt Kuno ein.
„Ich weiß. Mit ihm wird es eine Übereinkunft geben.“
„Nach menschlichem Ermessen besteht kein Grund für diesen Abschied vom Disibodenberg“, fuhr der Abt fort. „Gewiss, die Klause wird euch Schwestern langsam zu eng. Aber da könnte man Abhilfe schaffen. Auch unsere Abtei ist schließlich immer mal wieder erweitert worden.“
„Nach menschlichem Ermessen“, wiederholte Hildegard, „ist das Zusammenleben mit euch Mönchen für uns Frauen auf Dauer zu schwer. Ihr bevormundet uns, wir können unser Eigenleben schon längst nicht mehr so entfalten, wie wir es wünschen. Ihr nehmt Anstoß, wenn wir Nonnen unsere Methoden der Schriftauslegung anwenden und zu anderen, neuen Ansichten kommen. Haltet uns für ungebildet und theologisch nicht geschult.“

„Was ja auch stimmt!“, donnerte der Abt. „Was maßt du dich an! Du selbst gehst mit dem Schriftwort um, wie es nur den Mönchen zusteht. Wie kann eine Frau, die das ‚Einfallstor der Sünde‘ ist, die heiligen Worte verdrehen!“
„Ich verdrehe sie nicht. Ich sehe sie nur stellenweise anders. Die Geringschätzung von uns Frauen ist ein arges Übel und nicht hinnehmbar.“
Abt Kuno verschlug es die Sprache. Sein Gesicht lief rot an. Doch dann mäßigte er seinen Zorn und versuchte, seiner Stimme weniger Gewicht zu geben: „Die Frauen sind allgemein nicht mehr, was sie früher waren. Sie streben nach eigenen Rechten, nach Bildung, statt sich in der ‚mâze‘, in der Frauentugend, zu üben. Sticken und beten, fasten, singen und schweigen reichen euch wohl nicht?“
„Ich sehe, dass die, die den inneren Gehalt der heiligen Schriften kennen, ihn dennoch nicht aussprechen oder verkündigen wollen“, erwiderte Hildegard, alle Kraft zusammennehmend. „Sie sind nämlich lau und bequem und wollen die göttliche Gerechtigkeit nicht in sich aufnehmen. In den Visionen, die ich empfange, sagt die Stimme: ‚Tue die verschlossenen Geheimnisse kund, die sie furchtsam im verschlossenen Acker fruchtlos vergraben.‘“
Jetzt hob sich die Stimme des Abtes: „Deshalb willst du mit deinen Mitschwestern unseren Schutz verlassen und ein neues Kloster gründen?“
Abt Kuno wartete die Antwort nicht ab. Mit großen Schritten, die Hände auf dem Rücken verschränkt, ging er vor Hildegard auf und ab. Schließlich blieb er vor dem großen Wandkreuz stehen und betrachtete die Wundmale Christi. Nach einem langen Seufzer sagte er: „Es sei!“ Aber er blickte Hildegard dabei nicht an. Er würde Mittel und Wege finden, die neue Gründung möglichst lange in der Abhängigkeit vom Disibodenberg zu halten.

Noch wusste Hildegard nicht, wie der Rupertsberg zu seinem Namen gekommen war. Doch die Bilder, die in ihrer Seele entstanden, waren so klar, dass sie später sogar eine Vita über den Heiligen verfasste. Danach hatte der aus Adelskreisen stammende Rupert in der zweiten Hälfte des siebten Jahrhunderts mit seiner Mutter Bertha und dem heiligen Bekenner Wibert in der Nähe seiner Burg auf einem Hügel vor dem Hunsrück eine christliche Sozialsiedlung sowie ein Kirchlein für die Not leidende Bevölkerung errichtet. Doch die Normannen hatten alle Häuser bis auf das Gotteshaus zerstört. Die fromme Bevölkerung jedoch erinnerte sich gern an die Heilstaten, die von dieser Stätte ausgegangen waren, und pilgerte zu dem Kirchlein, um die Gräber der dort bestatteten Wohltäter zu besuchen. Mit der Zeit war der Ort freilich in Vergessenheit geraten und verödet. Ringsum aber war das Land mit Fruchtbarkeit gesegnet. Auf dieser verwilderten, wasserlosen Bergkuppe in der Nähe der Stadt Bingen sollte das neue Kloster entstehen?

Hildegard sah im Geist bereits die neuen Klostergebäude aufwachsen, die dreischiffige Kirche mit den Doppeltürmen, das Kloster selbst mit dem Kreuzgang, den Vorratsräumen und Kellergewölben, die Werkräume, Waschräume, die Küche, das Backhaus, das Kelterhaus und die Apothekenkammer. Die Wirtschaftsgebäude würden umgeben sein von einem großen Gemüsegarten sowie den Wohnungen für die Bediensteten. Das adelige Haus konnte auf sie nicht verzichten. Der ganze Klosterbezirk sollte von einer Ringmauer geschützt sein.

Später, als der Gesamtbau vollendet war, gelangte man vom südlichen Seitenschiff der Kirche über Stufen in den tiefer gelegenen Kreuzgang. Um den Kreuzgang herum waren die Prälatur, das Konventsgebäude, das Dormitorium, das Kapitelhaus sowie die Klosterschule angeordnet. Dem

Kreuzgang schloss sich in südwestlicher Richtung der Friedhof mit der Michaelskapelle an. Sogar ein Sommerhaus, ein Haus des Propstes mit einem „Patersgarten" und ein Gästehaus gab es. Im Konventsgarten befanden sich auch zwei Morgen Weinbauland.
Im Ort Weiler bezogen die Nonnen vom Meierhof die Nahrungsmittel für den täglichen Bedarf. In die Klostermauer eingefügt war auch die von beiden Seiten zugängliche Nikolauskapelle, in deren Nähe die Klosterpforte mit der Pförtnerwohnung lag. Der Gesamtkomplex war ein gewaltiges Bauwerk. Doch das Kloster war keine architektonische Meisterleistung.
Solange Hildegard noch auf dem Disibodenberg weilte, durfte sie nicht länger an der „Scivias" schreiben. Der göttliche Befehl war eindeutig. Kümmerte sie sich zu wenig um die neue Wirkungsstätte? Der Mönch Volmar erhielt den Auftrag, die Kopierarbeit in der Schreibstube ruhen zu lassen. Strafen und Züchtigungen Gottes wollten die Meisterin zwingen, seinen Weisungen strikt zu folgen. Auslöser waren die heftigen Widersprüche der Mönche gegen die neue Gründung. Der Abt hatte sie in Kenntnis gesetzt, vielleicht die Folgen für das Mönchskloster auch übertrieben dargestellt, jedenfalls konnte er sich mit seiner eigenen Zusage zur Übersiedlung nun hinter die massiven Einwände der Mitbrüder zurückziehen.
Mit der Nonne Richardis unterhielt Hildegard ein freundschaftliches Verhältnis, soweit das in einer klösterlichen Gemeinschaft statthaft war. Beide gaben ihrer gegenseitigen Zuneigung mit kleinen Zeichen Ausdruck: einem Lächeln, einer Umarmung, ein paar liebevollen Worten. Sie waren einander Schwester, Mutter und Freundin. Der Streit mit den Mönchen spitzte sich zu, schlaflose Nächte zehrten an den Nerven der Meisterin, da bat Richardis eines Tages um eine Audienz.

„Du siehst elend aus, meine Liebe. Ich beobachte dich nun bereits eine Weile und bin um deinen Gesundheitszustand besorgt."
„Du weißt, welche Last der Entscheidung auf meinen Schultern ruht, Richardis. Zwei ungeheure Kräfte zerren an meinen Armen und drohen mich zu zerreißen. Der Befehl Gottes und das Veto des Abtes. Beiden bin ich zum Gehorsam verpflichtet. Ich weiß, dass ich Gott unbedingt den Vorrang geben muss, doch der Arm des Abtes ist näher, und seine irdische Macht habe ich des Öfteren bereits zu spüren bekommen."
Richardis nahm Hildegard in die Arme. So standen sie eine Weile, ohne ein Wort zu sprechen. Dann unterbrach Richardis die Stille.
„Dein Einverständnis vorausgesetzt, meine Schwester, werde ich an meine Mutter, Markgräfin Richardis von Stade, schreiben, deren Namen ich trage. Sie ist eine Verwandte der Jutta von Sponheim. Ich werde sie bitten, Erzbischof Heinrich von Mainz aufzusuchen und ihm den Fall zu schildern."
Hildegard wägte ab. Einerseits wollte sie dem Abt und seinen Mönchen nicht in den Rücken fallen. Andererseits drängte die Vision sie zu konsequentem Handeln. Hildegard erbat sich eine kurze Bedenkzeit.
„Ja, ich gebe dir die Erlaubnis, Richardis. Schreib an deine Mutter. Doch wähle die Worte klug."
Zu den Mönchen, die sich der Neusiedlung dauerhaft widersetzten, gehörte Arnold. Als er sich auf einem Landgut der Kirche befand, wurde er plötzlich von einer unbekannten Krankheit befallen. Fieberschübe erschütterten ihn, seine Zunge schwoll so stark an, dass er den Mund nicht mehr schließen konnte. Durch Zeichensprache machte er verständlich, dass er zur Kirche St. Ruperts gebracht werden wollte. Dort gelobte er, den Plänen Hildegards zukünf-

tig nicht länger im Wege zu stehen. Sogleich erhielt er seine Gesundheit zurück. Seither war er ein eifriger Helfer bei den Vorbereitungen zum Umzug.
Hildegard litt. Als Benediktinerin hatte sie die „stabilitas loci" gelobt, das Verweilen an dem einmal auserwählten und bestimmten Ort. Sie geriet in einen schweren Konflikt. Sie konnte weder gehen noch sprechen. Wochenlang quälte sie sich auf ihrem Krankenlager. Eines Tages erschien der Abt in ihrer Klause.
„Also, steh in Gottes Namen auf und ziehe zum Rupertsberg. Ich sehe, ich kann dich nicht aufhalten, und du hast ja auch mein Wort."
Später gestand sie dem Abt: „Es waren einige deiner Ordensbrüder, die gegen mich tobten wie gegen einen schwarzen Raben und ein fürchterliches Untier. Ihre Bogen spannten sie gegen mich, um mich zu verjagen. Ich bin aber sicher, dass mich Gott deswegen von jenem Ort entfernt hat, weil er mir seine Geheimnisse weiterhin anvertrauen wollte. Ich wäre nämlich beinahe vorzeitig gestorben, wenn ich länger dort geblieben wäre, weil ich durch Seine Worte und Wunder innerlich sehr aufgewühlt war."
Sobald eine günstige Nachricht eintraf, die die Pläne beflügelte, ging es Hildegard ein Stück besser. Böse Neuigkeiten warfen sie aufs Krankenbett zurück.

Die Nachrichten über eine Liebesaffäre zwischen dem berühmten Philosophen Petrus Abaelardus und seiner Schülerin Heloise hatte auch den Disibodenberg erreicht. Erst gerüchtweise, weil niemand offen über die wirklichen Ereignisse sprach, dann konkreter: Das Wort „entmannt" machte die Runde, eine furchtbare Strafe für einen Fehltritt – oder ein Missverständnis. Peter Abaelard galt als umstritten und streitbar. Der französische Philosoph und bedeutende Scholastiker lehrte in Paris Theolo-

gie und Dialektik. Dass er unter anderem mit Bernhard von Clairvaux heftige theologische Dispute führte und einen ausgedehnten Briefwechsel unterhielt, rückte die Liebesgeschichte ein wenig in den Hintergrund. Doch jetzt machten Gerüchte von seinem Tod die Runde, jeder Besucher kannte eine andere Version seiner Lebensgeschichte. Als Sohn eines Ritters hatte er einst auf sein Erbe verzichtet, weil er sich ganz der Wissenschaft widmen wollte und dabei von seinem Vater Berengar unterstützt wurde.
„Und warum wurde er entmannt?", lautete die verhaltene Frage, die offenbar mehr Neugierde auslöste als das bewegte Leben dieses ungewöhnlichen Lehrers. Soweit Hildegard es in Erfahrung bringen konnte, hatte Peter Abaelard nach umfangreichen Studien schließlich bei Wilhelm von Champeaux studiert, den renommierten Inhaber des Dialektik-Lehrstuhls in Paris, den Meister jedoch in mehreren Disputationen in Widersprüche verwickelt und sein Vertrauen verloren. So gründete Abaelard in Melun und später in Corbeil jeweils eine eigene Schule, die er allerdings bald wieder aufgeben musste, weil er krank wurde oder weil Wilhelm von Champeaux sich mit Erfolg gegen die Konkurrenzunternehmen wehrte. In der Zeit um 1114, als das Mädchen Hildegard zu Jutta von Sponheim in die Klause eintrat, begann der kometenhafte Aufstieg dieses außergewöhnlichen Mannes an der Pariser Kathedralschule Notre-Dame in Paris, der ins Zentrum seiner Lehre die Logik stellte, die seither als dialektische Methode in Wissenschaft und Forschung Bestand hatte. „Der erste Schlüssel zur Einsicht und Erkenntnis ist das Fragen", lehrte er die ihm aus allen Himmelsrichtungen zuströmenden Scholaren. Diese Methode machten sich die Magister der Kathedralstädte Reims, Chartres und Laon ebenfalls zu eigen. Grammatik und stures Pauken war dagegen an den deutschen Domschulen angesagt. Alle Gelehrten und

Autoritäten, bedeutende Mönche und Kirchenlenker mussten sich den Fragen und Zweifeln späterer Generationen stellen. Nur durch den dialektischen Prozess, der Widersprüche offenbart und zu neuen Fragen Anlass gab, kam man der Wahrheit, auch der Glaubenswahrheit, ein Stück näher. War das Ketzerei? Für Bernhard von Clairvaux wurde hier ein Stück göttlicher Offenbarung auf den Kopf gestellt. Wollte Peter Abaelard Gott mit menschlichem Verstand begreifen? Das war doch ein Ding der Unmöglichkeit, denn Gott offenbarte sich nur im geheimen Zwiegespräch mit der suchenden Seele oder beim intensiven Studium der heiligen Schriften!

„Aber deshalb wird man doch nicht entmannt!“, lautete die entrüstete Feststellung in den Klöstern des Rheintals und denen an der Mosel. Von dort, mit den Wassern des Stromes, waren die Gerüchte aus dem nahen Frankreich flussabwärts gedrungen und hatten Verwirrung in den Köpfen der Nonnen, aber auch in denen der neugierigen Mönche ausgelöst. Nein, Peter Abaelard, von seinen Vorlesungen entbunden, war Hauslehrer eines begabten schönen Mädchens mit Namen Heloise geworden. Beide waren bald in Liebe einander zugetan. Der Kanoniker Fulbert, Onkel und Beschützer der jungen Frau, bemerkte das Liebesverhältnis erst, als Heloise schwanger wurde. Heloise zog sich auf Wunsch Peter Abaelards zu seiner Familie in Le Pallet zurück, wo sie ihren Sohn Astralabius zur Welt brachte.

„Wir werden heiraten“, entschied Peter Abaelard, „doch habe ich eine Bitte, nämlich, dass unsere Ehe geheim bleibt.“

„Ich bin gänzlich dagegen, denn diese Ehe schadet deinem Ruf als Gelehrter“, lautete Heloises Meinung.

Peter Abaelard bemühte sich indessen um eine Versöhnung mit Fulbert, der trotz Heloises Widerstand auf den

Heiratsvorschlag einging, doch die junge Frau bald zunehmend unter Druck setzte. Um dem Einfluss des Onkels zu entgehen, riet Abaelard seiner Geliebten, als Nonne im Kloster Argenteuil Zuflucht zu suchen. War das nicht ein Versuch des Bräutigams, sich seiner ehelichen Pflichten zu entledigen? Wutentbrannt ließ Fulbert Peter Abaelard überfallen – und entmannen. Was blieb Abaelard anderes übrig, als als Mönch in die Abtei Saint-Denis einzutreten? Sollte er an den Papst schreiben, um von seinem Missgeschick zu berichten und die Hintergründe aufzuhellen? Davon riet sein Landsmann Fulko, Prior von Deuil, dringend ab. Also entschied sich Abaelard, weiter Vorlesungen zu halten, denn seine Reputation war noch immer bedeutsam. Aber seine Mitbrüder feindeten ihn an, und die Zahl der Gegner mehrte sich. Der Zisterziensermönch Bernhard von Clairvaux ruhte nicht eher, bis der Papst den intellektuellen Günstling auf dem Lehrstuhl als Häretiker gebrandmarkt hatte. Auf dem Konzil von Soissons 1121 musste er seine Schrift „Theologia Summi Boni" eigenhändig verbrennen, Papst Innozenz II. verurteilte ihn 1141 zu Klosterhaft und ewigem Schweigen. Seine Bücher gingen in Rom in Flammen auf.
Mit Heloise traf Peter Abaelard noch einige Male zusammen. Abt Suger von Saint-Denis vertrieb die Nonnen von Argenteuil aus ihrem Kloster, darunter auch Heloise, die inzwischen Priorin geworden war. Abaelard, seit 1127 Abt des abgelegenen Klosters Saint-Gildas-en-Rhuys in der Bretagne, schenkte den Schwestern das Kloster Paraclet westlich von Paris, übernahm die seelsorgliche Betreuung und verfasste für sie Hymnen und Predigten. Sachbezogen und klar in ihren Zielen wie Hildegard von Bingen war auch die inzwischen zur Äbtissin aufgestiegene Heloise. Sie schrieb an Peter Abaelard: „Es ist besser, sich als Nonnen bescheidene Ziele zu setzen, als an ehr-

geizigen zu scheitern." Sie erwähnte auch die Benachteiligung der Frauen in der Gesellschaft mit deutlichen Worten und bat Abaelard, für ihr Kloster eine Regel aufzustellen, die den Bedürfnissen des weiblichen Geschlechts entgegenkommen würde. Dies sei bisher versäumt worden. Stattdessen müssten sich die Nonnen den Anordnungen der Mönche beugen. Was nützten den Frauen die Vorschriften über Kutten und Beinkleider, die sie allein schon wegen ihrer monatlichen Reinigung nicht beachten konnten? Es waren meist praktische Fragen, bei denen Heloise auf Antwort hoffte. „Was schickt sich für unseren Stand? Sollen wir überhaupt keine Männer gastlich aufnehmen oder soll die Äbtissin mit den Männern, die zu Gast sind, an einem Tisch essen?"
Die eigenen Mönche von Saint-Gildas lehnten Peter Abaelard ab und es kam zu mehreren Attentaten auf ihn, weshalb er das Klosterleben schließlich aufgab und wieder Dozent wurde. Erkrankt, fand er Aufnahme im Kloster Cluny, betreut von seinem Freund, dem Großabt Petrus Venerabilis, der eine formelle Aussöhnung mit Bernhard von Clairvaux erreichte. Doch die letzten Monate bis zu seinem Tod am 21. April 1142 verbrachte Abaelard im Clunyazenserpriorat Saint-Marcel bei Chalon-sur-Saône. Heloise ließ den Leichnam ins Paraclet-Kloster überführen und verfügte, nach ihrem Tod an der Seite des einstigen Geliebten bestattet zu werden.
Eine traurige Geschichte? Sie mochte zu Tränen rühren, aber sie offenbarte zweierlei: Die Geburtsstunde der Scholastik und die Situation der Frau.
„Bedenkt einmal, dass alles Wissen, das in dem langen erfolgreichen und erniedrigenden Leben des Peter Abaelard vermittelt wurde, nur die Männerwelt betrifft, und dass Heloise eine rühmliche Ausnahme bildet, als sie einen Hauslehrer erhält", sagte Hildegard zu ihren Schwes-

tern. „Frauen im öffentlichen Leben haben keinen Anteil an der Bildung. Eine begrenzte Wissensvermittlung findet nur im Kloster statt. Aber ‚Gelehrte' dürfen wir uns nicht nennen."

Was für ein Jubeltag war es, als Bischof Siward von Uppsala im Jahre 1138 zu Besuch kam! Er führte seine Reisebibliothek mit sich, darunter sechs medizinische Bücher, ein Buch über die Edelsteine und zwei antike Klassiker. Den „Physiologus" bedachte der Bischof mit besonderer Liebe. Das war eine Mischung aus Beobachtungen und Fabeln aus der Wunderwelt der Natur, vermischt mit Auszügen aus den Werken des Aristoteles, des Plutarch und des Plinius. Den Autor kannte man nicht, denn die Sammlung war bereits im zweiten Jahrhundert nach Christus in Alexandria entstanden, wurde aus dem Griechischen ins Lateinische übersetzt und im 11. Jahrhundert diesseits der Alpen bekannt. Es gab nun zwei deutsche Übersetzungen, eine in Prosa und eine in Reimen. Auch die Kirchenväter Hieronymus, Ambrosius und Augustinus hatten sich ihrer bedient. Hildegard durfte einen Blick in die kostbaren Werke tun, deren Wert dem eines Gutshofes einschließlich seiner Ländereien entsprach, dann reiste der Bischof wieder ab.
Warum waren Bücher so unerschwinglich? Warum war Wissen nur Männersache? Hildegard litt unter diesem Zustand. Er machte die Magistra von den Mönchen des Benediktinerklosters auf dem Disibodenberg abhängig, die ihren Studien nachgehen konnten und hinreichend über Literatur verfügten. Der Bildungsstand der Nonnen war nicht gleichwertig. Was Frauen erlernten, geschah im Schatten der Universitäten und Hochschulen. Ihnen blieb der Zugang verwehrt. Waren Frauen Menschen zweiter Klasse, weil Gott sie nicht aus Lehm geschaffen hatte wie Adam,

sondern seiner Rippe entnommen hatte? Doch hatte Gott die Frau nicht durch Maria aufgewertet, indem er sie zur Mutter seines Sohnes erkor? Es waren viele Fragen, auf die es noch keine befriedigende Antwort gab, aber in ihren Visionen erhielt Hildegard auch viele Einblicke in die Weisheit Gottes.

Außerdem war es nicht immer so, dass Frauen vom geistigen Austausch der Zeit ausgeschlossen waren. Auch wenn die Vermittler neuen Wissens vornehmlich Mönche und kirchliche Würdenträger waren, Hildegard von Bingen wurde mit den Jahren in diese Kreis einbezogen. Vor allem was ihr Wissen um körperliche Funktionen und menschliche Organe betraf, so hatte sie Anteil an den Erkenntnissen der Zeit. Salerno in Süditalien war bis dahin das Zentrum moderner Medizin. In Deutschland wirkten nur Bader und Bandschneider. Die Kontakte zur islamischen Welt waren nie unterbrochen worden, und die arabische Heilkunde genoss nach wie vor einen hervorragenden Ruf. Der Arzt und Bischof Alfan I. von Salerno, zuvor Mönch auf dem Monte Cassino, hatte den Händler Konstantin Africanus aus Bagdad bewogen, seinen Beruf mit dem eines Mönches zu vertauschen und, ausgestattet mit einem Empfehlungsschreiben, auf dem Berg des hl. Benedikt die einzigartigen Manuskripte der arabischen Medizin ins Lateinische zu übersetzen. Das tat er bis zu seinem Tod im Jahre 1087. Die Benediktiner waren seit jeher der Krankenpflege verpflichtet, doch jetzt war mit den Übersetzungen des Konstantin Africanus das Fundament für eine wissenschaftliche Medizin gelegt, die unbefangener mit den Gliedern des menschlichen Körpers umging und manches Tabu brach. Bischof Bruno von Hildesheim konnte sich im Jahre 1161 einer Bibliothek mit sechsundzwanzig Handschriften erfreuen, darunter zwölf des Konstantin Africanus.

Einer, der auf der neuen Welle der Forschungen mitschwamm, war Wibald, Abt von Stablo in Belgien und Corvey an der Weser. Er war im selben Jahr wie Hildegard geboren und machte am Hof Kaiser Friedrich Barbarossas Karriere, wo er schon dem Vorgänger in der Kanzlei gedient hatte und als fromm, politisch zuverlässig und als brillanter Redner galt. Wibald hatte über dem Eingang zur Abtei Corvey in griechischen Buchstaben den Satz „Erkenne dich selbst“ anbringen lassen, der auch schon das Orakel von Delphi zierte. Auch Peter Abaelard hatte diese Aufforderung zu seinem Lebensmotto erkoren. Wibald getraute sich sogar, den Schülern der Domschule in Paderborn als Unterrichtslektüre die modernen französischen Scholastiker zu empfehlen, um ihren Verstand an dialektischen Methoden zu schulen.
Hildegard, offen für die Erkenntnisse der wissenschaftlichen Medizin, verfolgte eines Tages die Idee, die vier menschlichen Temperamente mit der Sexualität des Menschen in Beziehung zu setzen. Die Choleriker, meinte sie, sind „Männer mit einer besonderen männlichen Geschlechtskraft. Sie lieben den Beischlaf mit Frauen ... Denn sie haben so sehr ihr ganzes Liebesverlangen auf weibliche Formen und die Verbindungen mit ihnen gerichtet, dass sie sich ihrer nicht zu enthalten vermögen ... Wegen der gewaltig ihnen innewohnenden feurigen Kraft beim Beischlaf verhalten sie sich wie Pferde. Wenn sie Verkehr mit Frauen haben, sind sie gesund und munter. Wenn sie ihn aber entbehren müssen, dann dörren sie in sich selber aus und schleichen dahin wie Sterbende ...“
Die Äbtissin hatte aber auch einen Blick für weibliche Verhaltensweisen: „In den Liebesumarmungen sind sie reizend und liebeswürdig. Sie verstehen sich auch auf feinere Künste, und so sind sie in ihrem Gemütszustand zufrieden. Bei der Menstruation leiden sie nur wenig an Blutfluss.

Ihre Gebärmutter ist kräftig entwickelt und gebärfähig ... Wenn sie ohne Männer bleiben müssen und keine Kinder gebären können, leiden sie an mancherlei körperlichen Zuständen. Wenn sie Männer haben, sind sie gesund."

Die Lehre von den Temperamenten war natürlich nicht für Hildegards Nonnen gedacht. Sie berief sich auch nicht auf Visionen, sondern sie gab Wissen ohne Verkrampfung und Peinlichkeiten an Menschen weiter, die außerhalb der Klostermauern in der Welt lebten.

Wie klang das „A"? Wie unterschied es sich vom „As"? War das „C" der Grundton, der Ausgangspunkt der Musik? Und wenn ja, wie fügten sich die anderen Noten in das Geflecht der Töne ein? Kreisten alle klingenden Laute nur um die Gregorianik? Konnte man den Lautrahmen der hellen und dunklen Töne durchbrechen? Zu einem neuen Schema finden? Oder war das Überspringen der Tongrenzen Teufelswerk? Das „C" stieg aus dem Bauch der Laute auf, angestoßen von der zitternden Saite, gefolgt vom „E" und dem vibrierenden „G". Waren Dreiklänge in der kirchlichen Musik gebräuchlich? Erinnerten sie nicht an Leitern, die vom Grund der Erde ihren Weg zum Himmel suchen? Oder an die Dreifaltigkeit Gottes?

In schlaflosen Nächten saß Hildegard am Fenster ihrer Klause und sah in die dunkle Nacht hinaus. Der Sternenhimmel wurde von den Klostermauern begrenzt, er zeigte sich ihr nur in einem Ausschnitt. Aber auch hinter diesem Ausschnitt würde, wenn sie die Möglichkeit unbegrenzten Schauens hätte, ihr der Himmel nur in Ausschnitten gezeigt. Denn selbst hinter den Bergen, die ihr die sichtbare Welt begrenzten, ahnte Hildegard die Unendlichkeit des Kosmos.

In den Stunden persönlicher Bedrängnis flüchtete sich Hildegard in die Musik. Die Musik wirkte befreiend, sprengte

die Fesseln der gedanklichen Gefangenschaft. Musik war ein Spiegel der himmlischen Harmonie. Sie brachte die Menschen Gott näher. In ihren Kompositionen sang sie ein Loblied auf den dreieinigen Gott, sie pries die Engel und Heiligen, besonders die Gottesmutter Maria, die heilige Ursula sowie Rupert und Disibod. Manchmal sah sie die Luft von Licht durchstrahlt. Aus ihr ertönten ihr auf wundersame Weise Klänge entgegen.
Woher hat Hildegard die Begabung zum Komponieren? Das geistige Amt als Magistra nahm sie schon überaus in Anspruch, auch die Niederschrift und Deutung der Visionen brauchten ihre Zeit. Allerdings gehörten die Musik und der Gesang zum mittelalterlichen Mönchtum, der Gott der Juden und Christen hatte seine Freude daran. Sang nicht auch Mose mit den Israeliten, nachdem der Herr das Heer des Pharao vernichtend geschlagen hatte? Und ergriff nicht auch Mirjam, die Schwester Aarons, die Pauke und beflügelte die Frauen, ihr mit Paukenton und Tanz zu folgen? Und hat man den König David je ohne seine Harfe gesehen? Der harmonische Klang der Musik war Seelennahrung, wirkte sich auf das Gemüt des Menschen aus. Die Welt war ohne Musik für die Äbtissin nicht denkbar. Die Harmonie der Ordnung, oder die Ordnung der Harmonie wirkten im Menschen so wechselseitig wie im Kosmos. Die Musikalität des Menschen war eine göttliche Gabe. „Und wie die Macht Gottes überallhin eilt und alles umkreist und ihr kein Hindernis entgegensteht, so besitzt auch die menschliche Vernünftigkeit die große Kraft, mit lebendigen Stimmen zu erschallen und mit einer Melodie die erschlafften Seelen zum Wachen anzueifern."

Eine neue Vision suchte Hildegard heim. Wenn sie auch die mangelnde Bildung der Frauen beklagte, sie selbst stand im Bannstrahl göttlicher Offenbarungen, die ihr an-

vertrauten, was kein Mönch erfuhr und nicht einmal dem Bischof oder dem Papst zu Ohren kam. Das war ein Trost, aber es war auch ein Fluch, denn sie war sich nicht immer sicher, ob sie das Gezeigte oder Gehörte in richtige Worte kleidete und die Übertragung in Reinschrift fehlerfrei gelang. Vor allem wenn die Schauungen den Himmel betrafen, war die Meisterin vom Disibodenberg besonders angespannt. Diesmal ließ Gott sie einen Blick in die Welt der Engel tun. Es waren Chöre überirdischer Geister, die in großem Glanz erstrahlten. Die Engel der ersten beiden Chöre hatten Flügel an der Brust und menschliche Antlitze. Diese Chöre waren wie in einem Kranz von fünf weiteren Chören umgeben. Manche der Gestalten funkelten in so hellem Glanz und waren von solcher Herrlichkeit, dass Hildegard sie nicht anzuschauen vermochte.
Nach dieser Schau war Hildegard zutiefst erregt, zugleich aber von einer wunderbaren seelischen Ruhe erfüllt. Die Bilder standen ihr lange vor Augen, als hätte ein Maler sie auf eine Leinwand gebannt. Was hatten sie zu bedeuten? Dieser Blick in die Sphären des Himmels war bisher niemandem zuteil geworden. Sie würde Zeit brauchen, um das Geschaute zu ordnen. Gottes Schöpfung war voller Wunder. Die einen Geschöpfe waren der Erde verhaftet, die anderen gehörten dem Himmel an. Die himmlischen Geister waren zum Heil der Menschen da, aber auch zur Ehre seines göttlichen Namens. Engel, Erzengel, Tugendkräfte, Mächte, Fürstentümer, Herrschaften, Throne, Cherubin, Seraphin – sie alle hatten ihre Bedeutung ihrem Rang und ihrer Aufgabe nach. Aber der Jubel über die Schöpfung, die Verherrlichung des Schöpfers war ihnen gemeinsam übertragen.

Das Pfalzgrafenehepaar Stahleck aus Bacharach bot der Äbtissin ihre Hilfe beim Bau des neuen Klosters

an. Graf Hermann sollte später durch sein ungestümes, wildes Auftreten, bei dem ein Mord geschah, und wegen seiner Fehden mit benachbarten geistlichen Fürsten in Ungnade fallen. Hildegard hatte den geistig umherirrenden Mann zur Umkehr bewegen können. Nun war er ein leidenschaftlicher Mitarbeiter der Disibodenberger Klause und half beim Bau des neuen Klosters auf dem Rupertsberg. Obgleich er lange an Hildegards Schauungen zweifelte, übertrug er ihr Gebäude und Ländereien und wollte auch die neue Abtei reichlich ausstatten. Schließlich war er ein treuer Anhänger der Meisterin. Am Ende seines Lebens entschloss sich der Pfalzgraf, das Leben eines Mönches zu führen. Auch nach seinem Tode im Jahre 1156 blieb Hildegard der Witwe in Liebe verbunden und verhalf ihr zu einer karitativen Tätigkeit.
Hildegard selbst legte beim Klosterbau mit Hand an. Sie dirigierte nicht nur die Fuhrwerke, die Ochsenkarren, die Lastenträger, als hätte sie die Mitglieder eines Chores vor sich, sie suchte auch die passenden Steine aus, glättete ihre Kanten, rührte Mörtel an, schaute nach dem Lehm. Die Maurer schwitzten. Stein fügte sich auf Stein, die Mauern wuchsen, das Kloster gedieh.
„Du wirst mit mir gehen müssen, Propst Volmar. Ich kann auf deine Hilfe nicht verzichten."
„Das kann nicht ich, sondern nur der Abt entscheiden", wich Volmar aus.
„Du bist mir zugeteilt, Mönch. Nur du verstehst, was ich in meinen Visionen erfahre. Du bringst es zu Papier, in Reinschrift."
„Ich arbeite gern für dich, weil ich an deine Sendung glaube. Das ist gewiss, Hildegard. Den Abt jedoch werden wir nicht übergehen können. Ich brauche sein Einverständnis. Zur Not bleibt dir Richardis."

„Nein, nein, Volmar. Wir sind ein Dreiklang. Wir arbeiten zu dritt. Der Rhythmus darf nicht unterbrochen werden."
Hildegard strich über das gescheckte Fell eines Ochsen, der gerade unter den Flüchen eines Knechtes seinen schweren Karren den Burgberg heraufgezogen hatte. Die Spuren der Räder zogen sich in Schlangenlinien durch die regennasse Erde. Das Fell des Ochsen glänzte. Fast täglich kam die Äbtissin auf den Rupertsberg, überwachte die Bauarbeiten, ging, wo sie konnte, den Werkleuten zur Hand. Heute morgen noch, vor dem Ritt durch die taufrischen Wiesen vom Disibodenberg hierher, hatte sie eine Schau erlebt, ihre Botschaft auf das Wachstäfelchen notiert, Richardis anschließend diktiert und Volmar zur Reinschrift überreicht. Ja, sie waren ein Dreiklang, an dem durfte nichts verändert werden, auch nicht durch das Machtwort eines Abtes.
„Ich Pilgrim! Wo bin ich? Im Todesschatten", hatte Hildegard diktiert. „Auf welchem Wege ziehe ich dahin? Auf dem Wege des Irrtums. Welchen Trost habe ich? Den Trost der Heimatfernen. Ich sollte ein Zelt haben, mit fünf Quadersteinen geschmückt, lichter als die Sonne und die Sterne. Denn nicht diese Sonne, die untergeht, und nicht diese Sterne, die untergehen, sollten in ihm leuchten, sondern die Herrlichkeit der Engel. Ein Topas sollte sein Fundament, von lauter Edelsteinen seine Mauern sein. Seine Treppen müssten aus Kristall gefügt, sein Boden mit Gold belegt sein. Denn ich bin berufen, die Gefährtin der Engel zu sein, weil ich der lebendige Hauch bin, den Gott in den trockenen Lehm entsandte. Deshalb sollte ich Gott kennen und ihn spüren. Aber ach! Seitdem mein Zelt erkannte, dass es mit seinen Augen alle Welt erschauen könne, richtete es seine Kräfte nach Norden. Wehe! Wehe! Darum bin ich gefangen, der Augen und der Freude der Erkenntnis beraubt. Mein Gewand ist zerrissen. Aus meinem Erbe

bin ich vertrieben. In die Fremde wurde ich entführt, an einen Ort, der aller Schönheit und Ehre bar. Der schmählichsten Knechtschaft bin ich ausgeliefert …"

Im Jahr 1150 dachte man an die Übersiedlung auf den Rupertsberg, denn die Wohn- und Wirtschaftsgebäude waren inzwischen fertiggestellt. Mit achtzehn Jungfrauen zog Hildegard in die neue Umgebung. Wie schwer fiel ihr der Abschied vom Disibodenberg, der seit Jugendtagen ihre Heimat war! Die Meisterin, die man fortan Äbtissin nannte, schwieg über ihre Gefühle. Der Abt hatte sie mit guten, ernst gemeinten Segenswünschen verabschiedet. Ob die Mönche ihr friedfertig nachgeblickt oder heimlich Verwünschungen ausgestoßen hatten, wagte sie sich nicht zu fragen. Ein langer Zug bewegte sich von der alten Heimstatt in die Rheinebene hinunter. Die Menschen, die in der Nähe des Disibodenberges ihre Heimat haben, blicken ihm trauernd nach. Langsam nur kamen die Fuhrwerke vorwärts. Sie trugen nicht nur das kärgliche Klostergut, sondern auch Gebrauchsgegenstände für die neue Abtei. Als sich der Zug Bingen näherte, eilten ihm viele Leute aus der Stadt und dem Umland entgegen. Die Volksmengen drängten sich an den Weg und empfingen den Konvent und seine Begleitung mit frommen Gesängen und herzlichen Glückwünschen. Doch der Segen währte nicht lang. Die Mönche auf dem Disibodenberg hatten die Nonnen am Ende zwar friedlich ziehen lassen, doch die Erträge aus dem zur Klause gehörenden Landbesitz wollten sie nicht abführen. Das Kloster auf dem Rupertsberg geriet bald in Not. In Bingen fragten die Spötter: „Was ist nun dran an den Offenbarungen dieser Frau? Erst gibt Gott ihr ein, ein neues Kloster zu bauen, und dann führt er sie hier ins Elend. Offenbar sind die Mönche doch klüger und weiser als sie und ihre Jungfrauen." Hildegard war der Verzweiflung nahe.

Hatte sie sich geirrt, als sie in diese triste Gegend zog, wo sie in der Wildnis nur einen alten Mann mit seiner Frau und seinen Kindern antraf? Sie erfuhr Anfeindungen, nicht nur aus den eigenen Reihen der Mitschwestern, auch von ihrer Familie und vom einfachen Volk. Aber hatte nicht auch Moses Trübsal ausgehalten, als er das Volk Israel aus Ägypten in die Wüste führte und sie nichts zu essen und zu trinken bekamen? Einige Nonnen verließen das Kloster und kehrten in die Welt zurück. Die übrigen Schwestern hielten nun umso treuer zu Hildegard. Und endlich, am 1. Mai 1151, konnte Erzbischof Heinrich I. von Mainz Kirche und Kloster des Rupertsberges die lang ersehnte Weihe geben.

„Nun kann ich dich endlich wieder in die Arme schließen!" Hildegards Schwester Clementia war dem Ruf Gottes gefolgt und ebenfalls bei den Benediktinerinnen auf dem Rupertsberg eingetreten. Sie würde ihrer jüngsten Schwester eine willkommene Hilfe sein. Ihr Vater, Hildbert von Bermersheim, hatte dem neuen Kloster Ländereien und finanzielle Mittel für die Ausstattung der Räume geschenkt, doch den Tag der Weihe nicht mehr erlebt. Die Brüder Hildegards und Clementias übertrugen ihre Bermersheimer Besitzungen ebenfalls dem Rupertsberg. Hugo war inzwischen Domkantor in Mainz, Roricus Kanoniker in Tholey. Die Markgräfin von Stade vermachte der Abtei ein ansehnliches Landgut in der Nähe von Bingen. Ihre Intervention am Mainzer Bischofsstuhl war nicht ohne Erfolg geblieben. Doch sie hatte ein Nachspiel.
Richardis, Hildegards beste Freundin, arbeitete schon eine Weile als Sekretärin der Meisterin. Sie hatte sogar Einblick in das Werk „Scivias" nehmen dürfen und war mit den Plänen Hildegards vertraut. Dass sie immer nur einfache Benediktinerin sein sollte, reichte ihrer Familie nicht.

Hildegard spürte, dass ihre Freundin etwas belastete. Seit Tagen ging sie ihr aus dem Weg. Schließlich, an einem Abend nach der Komplet, stellte sie Richardis zur Rede.
„Lass uns in den Garten gehen", bat Richardis. „Im Kreuzgang hallen die Worte wider und ich möchte keine unnötigen Zeugen für unser Gespräch."
Die hereinbrechende Nacht entlockte Büschen und Blumen durchdringende Düfte. Die Bienen waren noch fleißig und umschwärmten die Blüten. Eine Libelle surrte vorbei.
„Hier können wir ungestört reden."
„Ja, meine Liebe. Also: Ich habe die Möglichkeit, Vorsteherin des Klosters in Bassum bei Bremen zu werden", offenbarte Richardis der Freundin mit stockender Stimme.
Hildegard war überrascht. Sie wusste, dass Richardis eine vorzügliche Mitschwester und Vertraute war, doch ihre Fähigkeiten lagen bei innerklösterlichen Aufgaben und nicht in der Führung eines Konvents.
„Ich rate dir von diesem Schritt ab", sagte die Äbtissin. „Du bist ehrgeizig, und dieser Ehrgeiz führt dich auf eine falsche Bahn."
Richardis widersprach: „Mein Bruder Hartwig, seit 1148 Erzbischof von Bremen, möchte mich als Äbtissin von Bassum gern in seiner Nähe haben."
„Aber du wirst scheitern, meine Freundin, glaube mir. Ich sehe deinen Weg deutlich vor Augen. Du hast andere Qualitäten als die, die die Leiterin eines Klosters auszeichnen. Ich kann dich nicht gehen lassen."
Hildegard sah besorgt, wie die Miene der Mitschwester versteinerte. „Das werden wir doch sehen", presste Richardis hervor. Dann rauschte sie davon. Richardis ging Hildegard aus dem Weg, und Hildegard litt unter der Entfremdung. Das Kloster Bassum hatte sich inzwischen auf die neue Äbtissin eingestellt. Da Richardis nicht kam, wand-

te sich die Priorin an den zuständigen Mainzer Erzbischof, damit er die Freigabe der neuen Äbtissin veranlasste. Tage vergingen in Sorge und Kummer. Hildegard suchte noch einmal das Gespräch mit Richardis, doch sie zeigte sich uneinsichtig und beharrte auf ihren Plänen für die Zukunft.

„Du wirst scheitern, und ich möchte dich vor dieser Fehlentscheidung bewahren“, beschwörte sie die Freundin. Richardis blieb verstockt.

„Musste ich nicht schon das Opfer bringen und die Enkelin deiner Mutter, Adelheid, die unserem Konvent angehörte, ziehen lassen? Sie ist als Äbtissin in das Stift Gandersheim berufen worden. Dich möchte ich nicht auch noch verlieren.“

War es Eigennutz oder Vorsicht, die Hildegard walten ließ? Mit Adelheid war sie weiter in schwesterlichem Kontakt verbunden – aber würde das auch mit Richardis möglich sein? Da traf ein Brief des Mainzer Erzbischofs ein.

„Heinrich, durch Gottes Gnade Erzbischof des Mainzer Stuhles, entbietet Hildegard, der geliebten Meisterin vom Berge des heiligen Rupertus, mit väterlicher Zuneigung seine Gunst.“ Nach ein paar höflichen Redewendungen kam der Oberhirte auf den Grund seines Schreibens zu sprechen: „Um aber auf das zu kommen, worauf wir hinzielen, so geben wir dir davon Kenntnis, dass einige Ordensleute als Abgesandte eines uns bekannten adeligen Klosters zu uns gekommen sind. Sie haben uns inständig gebeten, dass ihnen jene Schwester, die sie erbitten und die im Ordensgewand bei dir lebt, gemäß stattgefundener Wahl als Äbtissin zugestanden wird. Demgemäß gebieten wir kraft der Autorität unseres Vorsteheramtes und unserer Vaterschaft, ja, wir legen es dir befehlend auf, dass du sie den gegenwärtig Bittenden und Verlangenden für das Vorsteheramt überlässt …“

Hildegard gab nicht so schnell auf. War es der Wille Gottes, dass geistliche Ämter nur mit Mitgliedern des Adels besetzt werden sollen? Oder waren da nicht vielmehr weltliche Interessen im Spiel? Nein, durch innere Erleuchtung wusste sie, dass Gott Richardis nicht in das Amt der Äbtissin berufen hatte und sie daher auch keine gute Leiterin eines Frauenklosters sein konnte. Hildegard erkannte die Verweltlichung der Kirche, die auch im Handeln des Erzbischofs von Mainz erkennbar wurde. Noch einmal versuchte sie ihn umzustimmen. Auch an die Mutter von Richardis wandte sie sich und beschwor sie: „Die Äbtissinnenwürde, die du für sie begehrst, ist sicher nicht von Gott, noch ist sie zum Heil ihrer Seele."

Auf Richardis verzichten? Hildegard war nicht willens, sie ohne Kampf ziehen zu lassen. Mochte der Bruder in Bremen noch so toben, sie würde sich seinen Forderungen nicht beugen und die Freundin nicht aufgeben. Längst hatte sie Bilder empfangen, die Richardis als unglückliche Frau an der Spitze ihres Konvents zeigten, weil sie die Bürde des Amtes nicht zu tragen vermochte. Den Mitschwestern waren die Anstrengungen um Richardis' Verbleib nicht entgangen. Die Briefe, die zwischen dem bischöflichen Stuhl in Bremen und dem Rupertsberg hin und her gingen, die wortreichen Auseinandersetzungen zwischen der Äbtissin und ihrer Freundin ließen sich nicht verbergen, so sehr sich beide auch bemühten, den Konflikt nicht vor anderen auszutragen. Hildegard sah erschöpft aus, manchmal schien sie beim Chorgebet abwesend zu sein, beim gemeinsamen Mahl fahrig, es ließ sich nicht verhehlen, dass eine Last auf ihrer Seele lag. Darauf angesprochen, wich die Äbtissin aus. Die vielen Verpflichtungen außerhalb des Klosters, die Anfragen, Ratschläge, dazu die Baumaßnahmen, die Sorge um die Mitschwestern … Hildegard war nicht gerade mitteilsam.

Eine Novembernacht würde wohl allen Bewohnern des Rupertsberges im Gedächtnis bleiben. Später würde man die Ereignisse zu klären, die Zusammenhänge zu deuten versuchen. Dennoch blieb viel Rätselhaftes um diese Nacht. Es war eine regenreiche Zeit. Seit Tagen heulte der Sturm um die Mauern der klösterlichen Gebäude und peitschte die Graupel- und Regenschauer gegen die Fenster an der Westseite. Die erhöhte Lage machte die Abtei anfällig für die Launen des Wetters. Früh wurde es dunkel. Wer konnte, verzog sich rechtzeitig in die Wärmestuben. Die Nonnen hatten ihren geregelten Tagesverlauf. Auch wenn die Ordensregel sie zu festgesetzten Zeiten in die Klosterkirche oder in den Kapitelsaal und ins Refektorium rief, sie befanden sich im Haus, unter schützendem Dach. Ein Vorzug, den nicht alle Bewohner des Rupertsberges teilen konnten, denn es gab auch in den Ställen, in den offenen Werkstätten, im Klosterumfeld viel zu tun, und hier war nicht geheizt. Dem Pförtner in der Außenpforte schlotterten die Knie vor Kälte, da nützte auch die Decke nicht viel, die er über Schultern und Beine legte. Und den Dienstboten in der Waschküche, die die frischgewaschenen Altartücher und Vorhänge auswrangen, wurden die Hände rot und steif.

In jener Novembernacht, es war kurz vor Zwölf, schlichen ein paar dunkle Gestalten um die Südmauer des Klosters. Sie waren vermummt, die Gesichter zusätzlich geschwärzt. Der Anführer schien sich mit den Örtlichkeiten auszukennen. Er benutzte einen Schleichweg, der zu einer Stelle der Umfriedung führte, wo die Mauer nicht so hoch war. Zwei Männer trugen eine Leiter. Mit ihrer Hilfe stiegen sie in den Klosterbereich ein. Das Pförtnerhaus befand sich auf der anderen Seite. Zielstrebig, doch nicht unvorsichtig bewegten sich die Männer an Abteigebäuden entlang zur Klosterkirche. Um diese Zeit beteten die Nonnen die

Matutin. Im Gegensatz zu den anderen Betzeiten sammelten sie sich nicht im Kreuzgang, um gemeinsam in den Chorraum einzuziehen, sondern jede Schwester suchte für sich ihren Platz im Chorgestühl auf. Wer sich nicht wohlfühlte oder seinen Schlaf brauchte, war von der Teilnahme an diesem mitternächtlichen Gebet dispensiert. Denn bereits nach dem ersten Hahnenschrei erklang das nächste Gotteslob.
Der Anführer schien zu wissen, wo sich der Zellentrakt der Nonnen befand. Ohne Bedenken betrat er mit zwei weiteren Männern die Klausur, während die anderen am Eingang zum Gebäude und auf dem Flur Wache hielten. Die Unterkünfte der Nonnen sahen alle gleich aus, doch sie waren mit den Namen der jeweiligen Bewohnerin gekennzeichnet. Die Männer suchten nach der Zelle einer bestimmten Schwester. Offenes Licht durften sie nicht machen. Eine Kerze würde ihre Anwesenheit verraten. So schlugen sie nur ein paar Funken aus dem Feuerstein. Es fiel schwer, die Namen zu entziffern.
„Verdammt!“ Ein unterdrückter Fluch.
„Was ist?“
„Ich habe mich verbrannt!“
„Sei still.“

Da Richardis weder zu den Laudes noch zur Prim und auch nicht zur heiligen Messe erschienen war, schaute Schwester Adelgunde, die neue Zellerarin, in ihrer Unterkunft nach und fand ein zerwühltes Bett und den geöffneten Schrank vor. Ein paar Kleidungsstücke lagen am Boden zerstreut. Entsetzt machte sich Schwester Adelgunde auf den Weg zur Äbtissin, um ihr den Vorfall zu melden. Da eilte gleichzeitig Priorin Agatha herbei. „Würdige Mutter, im Außenhof liegt einer unserer Knechte – erschlagen.“

Hildegard erstarrte. Einen Augenblick lang sagte sie nichts. Sie konnte die Nachricht nicht fassen. Ihre beste Freundin – verschwunden? Und ein Mann – tot? Was war passiert? Wie hatte das geschehen können? War Richardis geflohen? Wurde sie entführt? Wer hatte diese Schandtat zu verantworten?
„Also, der Knecht wurde erschlagen", wiederholte Schwester Agatha. „Er hat eine schwere Wunde am Hinterkopf."
Später fand man die angelehnte Leiter. Sie gab viele Fragen auf. Sicher war, dass jemand in den Klosterbezirk eingedrungen war, sei es, um Schwester Richardis zu entführen oder ihr die Flucht zu erleichtern.
„Du hättest ihn nicht töten müssen", sagte um diese Stunde der Anführer der vermummten Männer zu einem seiner Gefährten. Hinter ihnen ritt die Nonne in Begleitung der anderen. Man hatte ihr die Augen verbunden und die Hände am Zaumzeug gefesselt.
„Er stand plötzlich vor mir. Was, wenn er geschrien hätte?"
„Bei dem Sturm und dem Regen? Wahrscheinlich hätte ihn niemand gehört."
„Das weiß man nicht. Hinterher ist man immer schlauer."
„Mag sein."
Eines Tages die verheerende Nachricht: Am 29. Oktober 1152 war Äbtissin Richardis von Stade im Stift Bassum gestorben, nicht ohne sich „aus ganzem Herzen nach deinem Kloster zurückgesehnt" zu haben, wie ihr Bruder, Erzbischof Hartwig von Bremen, an Hildegard schrieb.

Neue Visionen suchten die Äbtissin heim. Eine zeigte ihr deutlich, dass sie das Verhältnis zwischen dem Disibodenberg und dem Rupertsberg klären musste. Der Abt vom Disibodenberg hatte den Schwestern schlimmes Unrecht angetan: Er hatte ihnen ihr Eigentum, Geld und

Güter nicht herausgegeben. Hildegard und ihr Konvent lebten auf dem Rupertsberg in bitterer Armut. Sie durfte dieses Unrecht nicht länger dulden, scheute sich aber vor der Auseinandersetzung mit dem Klostervorsteher. Die Anweisungen in den Visionen waren recht deutlich: Die neue Wirkungsstätte sollte von dem Ort, an dem sie Gott geweiht worden war, losgelöst werden mit allem, was an Besitz dazugehörte. Tage-, ja wochenlang bewegte diese Aufforderung die unschlüssige Äbtissin. Musste sie erst wieder durch eine Krankheit zum Handeln gezwungen werden? Es dauerte lange, bis sie sich zu den Verhandlungen mit dem Abt entschloss. Abt Kuno war inzwischen krank und kaum noch handlungsfähig. Doch sie schrieb ihm: „Du schlägst mir Gott ins Gesicht, wenn du die Menschen mit ihren Wunden zurückstößt und nicht auf mich achtest, wo ich doch die Verirrten auf meinen Schultern zur Herde zurücktrage. Du musst dich vor mir verantworten für die Gedanken deines Herzens und für die menschliche Gemeinschaft, die ich gebildet und durch das Blut des Lammes – Christus – gereinigt habe. Warum hast du keine Scheu davor, den Menschen zu zerbrechen und zu vernichten, den du doch gar nicht selbst erschaffen hast?"

Hildegard wollte erreichen, dass der Rupertsberg, den sie teils durch Bezahlung, teils durch Tausch und Schenkungen erworben hatte, nur dem Mainzer Bischofsstuhl unterstellt würde. Das hieß auch, dass sie keinen weltlichen Vogt für die Wirtschaftsverwaltung ihres Klosters akzeptieren würde, wie es sonst üblich war. Es sollte nicht so scheinen, als ließe sie mit einem Vogt aus dem Laienstand den Wolf in den Schafstall ein. Es gab zu viele Missstände, unter denen viele Klöster und Kirchen litten.

Hildegard musste tatsächlich erst todkrank werden, bis sie sich schließlich aufraffte.

„Du kannst die Reise zum Disibodenberg unmöglich antreten“, warnte Schwester Ursula, die Ökonomin. „Du kannst dich ja kaum auf den Beinen halten.“
Auch die übrigen Nonnen betrachteten besorgt ihre schwache Äbtissin. Aber Hildegard ließ sich auf ein Pferd setzen, an den Händen halten und den langen beschwerlichen Weg führen. Doch unterwegs kehrten ihre körperlichen Kräfte zurück. Sie erschien unangemeldet und unerwartet vor den Mönchen. Entsprechend groß war der Unmut, als sie ihr Anliegen vortrug.
„Der Rupertsberg“, so erklärte ihr Abt Kuno, „ist gleichsam aus dem Disibodenberg hervorgegangen. Er ist sozusagen ein Ableger, eine Filialgründung. Und nun verlangst du Einkünfte und Schenkungen aus unserem Besitz? Umgekehrt muss es sein: Ich erhebe Anspruch auf die Stiftungen des Rupertsberges, andernfalls werde ich dir als erste Maßnahme deinen Sekretär und Propst, unseren Mönch Volmar, entziehen.“
Die Verhandlungen waren zäh, sie dauerten ihre Zeit. Immerhin war es eine Ungeheuerlichkeit, ein Frauenkloster aus der Vormundschaft eines Männerklosters zu lösen. Doch schließlich kam es zur ersten Niederschrift der Besitzverhältnisse. Abt Kuno starb bald darauf, und Hildegard führte die Verhandlungen mit seinem Nachfolger Helenger fort. Im Mai 1158, nach etwa drei weiteren Jahren, wurden schließlich die Urkunden von Erzbischof Arnold unterzeichnet. Die neuen Besitzungen des Rupertsberges wurden bestätigt, die geistlichen Beziehungen zwischen beiden Klöstern und der Status der neuen Abtei festgelegt. Um spätere Klagen auszuschließen, hatte Hildegard auf einen Teil des alten Eigentums und auf eine ansehnliche Geldsumme zugunsten der Mönche verzichtet. In Zukunft würde der Rupertsberg seine Äbtissin aus eigenen Reihen bestimmen und wählen dürfen. Was die Entsen-

dung eines Priesters oder die Befolgung der Benediktinerregel betraf, würde man sich zunächst vertrauensvoll an den Disibodenberg wenden.
Abt Helenger bemühte sich aufrichtig um ein gutes Verhältnis zum Nachbarkloster und suchte sogar Rat bei der Äbtissin. Doch sein Vorgänger hatte einmal versucht, ihr einen Priester unterzuschieben, den sie nicht wollte. Ein Schreiben an den Papst sollte helfen. Aber die Mönche grollten noch lange, Bewunderung und Abwehr lagen im Streit miteinander. Hildegard war inzwischen weithin angesehen, sie wurde eine gefragte Ratgeberin und unermüdliche Briefschreiberin.

Der Rupertsberg erhob sich an einer bevorzugten Stelle: Reisende zu Wasser oder zu Land sahen schon von Weitem das Kloster mit den mächtigen Gebäuden. Viele Menschen fanden den Weg zur Äbtissin und ihrer Schwesternschaft, erbaten Hilfe und Rat für leibliches und seelisches Leben. Hildegard hatte die prophetische Gabe, tief in die Herzen der Besucher zu schauen. Sie unterschied sofort ehrliches Bemühen um einen besseren Lebenswandel von Oberflächlichkeit und Neugier.
Trotz ihrer zunehmenden Beanspruchung in der Klosterleitung und als Ratgeberin fand die Äbtissin noch Zeit, weitere Schriften zu verfassen. Das große Werk „Liber Scivias“ war inzwischen fertiggestellt. Hatte Hildegard alles richtig wiedergegeben, was sie erschaut hatte? Sie selbst zweifelte. Die elementare Sprachgewalt ihrer Schau überstieg manchmal ihr Fassungsvermögen.
Hildegard, die sich oft selbst als ungebildete Frau bezeichnete, wusste freilich auch, dass nur Adelige und Freie das Bildungsprivileg besaßen und die wirtschaftlichen und politischen Entscheidungen trafen. Wie groß war die Zahl der unfreien Bauern und Bürger, die keine Möglichkeit der Mit-

bestimmung hatten? Die allermeisten Menschen lebten von der Landwirtschaft. Wie mühsam war ihr Alltagsleben! Diesen Menschen war der christliche Glaube alleiniger Halt. Die Feiertage, die Heiligenfeste waren bestimmend für ihren Lebens- und Arbeitsrhythmus. Wie verhängnisvoll war es manches Mal für sie, wenn Bischöfe und Äbte zu große politische Macht hatten und ihre persönlichen Interessen in den Vordergrund spielten!

Die Räume erklangen von einer lieblichen Stimme, die durch die Mauern zu dringen schien und viele Herzen erreichte. Hildegard war eine begeisterte Sängerin. Schon als Kind hatte sie gern gesungen, auf den Wiesen am Teich, beim Flechten der Blumenkränze in Begleitung der Gutleutekinder, abends vor dem Schlafengehen. Während ihrer Disibodenberger Jahre hatte sie trotz der Abgeschiedenheit von der Welt den Gesang nicht vernachlässigt, und ihre Ausdrucksweise war sogar noch gereift. In ihrer Seele tönte alles, was sich bewegte, Dinge und Wesen hatten für sie einen eigenen Klang, der sich vereinte in der großen Symphonie der Schöpfung zum Lobpreis Gottes. Wenn sie jetzt im Kreuzgang ihr Lieblingslied „O virga et diadema" anstimmte, blieben die Mitschwestern respektvoll stehen oder hörten ihr aus den angrenzenden Gebäuden stillschweigend zu. Als Hildegard sich dessen bewusst wurde, bat sie die Nonnen in der öffentlichen Confessio, in der sich die Schwestern ihrer kleinen gegenseitigen Verfehlungen anklagten, um Verzeihung.
„Es ist nicht erlaubt, dass ich meine Stimme in einer Weise erhebe, dass sie Aufmerksamkeit erregt. Unser Vater Benedikt hat in seiner Regel verfügt, dass sich niemand vor den anderen hervortue."
„Aber wenn jemand mit einer solchen Stimme begnadet ist, soll er sie dann verstecken?", fragte eine der Schwes-

tern. „Wurde sie nicht geschaffen, damit er sich ihrer erfreuen kann?"
Die Mitschwestern stimmten der Sprecherin zu.
„Ja, alles dient der Verherrlichung Gottes." Das war die einhellige Meinung des Konvents.
Auch wenn die Arbeiten an anderen Werken wie am „Liber Vitae Meritorum", an den heilkundlichen Schriften oder am „Liber divinorum operum" ihre Kräfte banden, blieb Hildegard dennoch Zeit für das Gotteslob. Inzwischen war ihr der Ruf, eine begnadete Liedschöpferin zu sein, vorausgeeilt. Andere Klöster erbaten Texte und Melodien zu Festtagen ihrer Namensheiligen, und Hildegard dichtete und komponierte mit Freude – galt doch jedes Lied der Verherrlichung Gottes. Siebenundsiebzig Lieder entstanden im Laufe der Zeit, vor allem für den liturgischen Gebrauch auf dem Rupertsberg – Hymnen, Antiphonen, Sequenzen, Responsorien, Gesangsstücke, die die himmlische Harmonie zum Ausdruck bringen sollten. Eigentlich war das Notensetzen Männersache. Alle großen Meister, die Werke für Orgel und Cembalo, für Chöre und Solisten schaffen, waren Männer. Und nun machte eine Nonne durch die Kunst des Komponierens von sich reden! „Symphonia harmonicae caelestiarum revelationum" – „Symphonie der Harmonie der himmlischen Offenbarungen" so nannte Hildegard ihr Liederbuch. Der ganze Kosmos, Mensch und Tier, die Eigenschaften der Seele und des Körpers, Engel und Dämonen, die Gottesmutter Maria oder die göttliche Dreifaltigkeit, die Heiligen, die Kirche – sie alle schwangen in Tönen und waren Teil einer ewigen Harmonie. Gott hatte für jedes Element einen eigenen Ton geschaffen, der sich mit anderen zur großen Harmonie vereinte. Die Musik des Himmels, so erkannte Hildegard in der Schau, aber war von anderer Dimension, sie war nicht für die Welt geschaffen. Die geis-

tige Welt des Himmels war ja eine andere als die materielle der Erde. Doch das menschliche Singen und Musizieren war ein Nachhall des einst paradiesischen Zustandes. Die Musik weckte die Sehnsucht nach diesem verlorenen Paradies, nach der Teilhabe an den Chören der Engel und der Welt Gottes.

Wie viele Briefe hatte die Äbtissin des Rupertsberges geschrieben? Hunderte waren es gewiss. Nächtelang brannte das Licht in ihrer Zelle, sodass der Pförtner, der nachts im Hof außerhalb der Klausur seine Runde machte, um zu sehen, ob alles seine Ordnung hatte, eines Tages Schwester Helena ins Vertrauen zog.
„Ist die Mutter wieder krank?"
„Nein, wieso fragst du?"
„Nun, es geht mich zwar nichts an, aber vor zwei, drei Uhr, kaum vor dem ersten Hahnenschrei, geht sie wohl nicht zu Bett, denn sie löscht die Kerze selten vor dieser Zeit."
„Die Äbtissin wird beten, oder schreiben. Sie bekommt viele Briefe. Hast du die vielen Boten, die tagsüber zu uns herauf reiten, nicht bemerkt?"
„Und ob! Ich muss sie ja einlassen", entrüstete sich der Pförtner. „Aber es ist nicht gut, sich um den nötigen Schlaf zu bringen."
„Da hast du recht", nickte Schwester Helena. „Aber sag das mal der würdigen Mutter. Sie lebt nach dem Zeitplan Gottes, und Gott hat immer Zeit für die Menschen."
Hildegard schrieb. Sie schrieb ausschließlich in lateinischer Sprache, die ja die übliche Schriftsprache war. Auch ihre Visionen erhielt sie in Latein. Lediglich in ihrem medizinischen Werk benannte sie einige Pflanzen und Tiere mit deutschen Namen. Bei ihr wurde der Bilderreichtum der Bibel lebendig, vor allem die Bilder der Psalmen. Selten gab sie ein Datum an – die Briefe sollten zeit-

los sein. Adressaten waren kirchliche und weltliche Würdenträger in Deutschland, England, den Niederlanden, Frankreich, Elsass-Lothringen, der Schweiz, Italien und sogar Griechenland. Die Großen in Kirche und Reich suchten ihren Rat. Papst, Kaiser und Bischöfe wandten sich an sie, aber auch manche unbekannte Menschen, deren Anliegen sie genau so ernst nahm wie die Sorgen der Großen. Oftmals suchten auch Klöster ihren Rat. Manche Klöster kannte Hildegard von ihren Reisen persönlich.

Wie oft sattelten die Stallknechte Hildegards Pferd! Wie oft ließ sie anspannen, häufig nur von einer Mitschwester begleitet, um im Einspänner durch die Lande zu fahren! Halt, zuvor musste noch der Brief der Mönche aus Hunna beantwortet werden. Sie wandten sich an Hildegard und baten sie, ihnen die „regula benedictina“, die Benediktinerregel, nach ihrem Verständnis auszulegen. Hildegard griff nicht einfach in die Schatztruhe bekannter Interpretationen, sie antwortete originell und überzeugt, so wie sie und ihre Mitschwestern die Regel auf dem Rupertsberg befolgten.

In den Benediktinerklöstern gab es Streit über die Regel des Gründungsvaters. Seit Jahrhunderten rieb man sich an Einzelheiten, die die jeweilige Zeitepoche anders interpretierte, ohne zu einer gemeinsamen Linie zu finden. Meist ging es in den Auseinandersetzungen und Gesprächen um die Frage, was die Regel eindeutig erlaubte oder verbot. Hildegard meinte: „Was nämlich verboten ist, untersagt die Regel offen. Sie zeigt also deutlich, wozu sie ermuntert. Was sie aber verschweigt, das legt sie in das Belieben von Abt und Brüdern.“ Ordensreformer sahen die Auslegung nicht so locker. Sie verboten alles, was nicht in der Regel stand.

„Sorgen haben die Mönche, nein, das verstehe ich nicht“, schüttelte Priorin Agatha den Kopf, als die Äbtissin mit ihren Nonnen über die Fragen der Brüder aus Hunna

sprach. „Sollen sie doch herkommen und sehen, wie wir die Regel anwenden."
„Das wird wohl kaum möglich sein und eher einen Aufstand geben, wenn die Öffentlichkeit erfährt, dass wir Frauen hier Männer beherbergen", meinte Schwester Augustina.
„Die nächste Frage der Brüder betrifft das Schweigegebot, das für uns Frauen von Natur aus eine größere Bedeutung hat, sind wir doch oftmals sehr redselig. Meint ihr nicht auch?"
Hildegard blickte in die Runde und sah ein verschmitztes Lächeln in manchem Gesicht. „Also ich werde den Mönchen schreiben: Die Erlaubnis zu einer festen Stunde, an bestimmten Tagen zu sprechen, hat Benedikt nicht von vornherein festgesetzt, sondern er hat es offengelassen, wie es gehandhabt werden kann." Und nach einer Pause fügte die Äbtissin hinzu: „Weil es unmenschlich ist, wenn der Mensch immer schweigt und niemals redet, hat auch dieses unser Vater Benedikt der Verantwortung und Diskretion des Abtes überlassen."
Längst nicht jeden der vielen Briefe diskutierte Hildegard mit ihren Mitschwestern. Doch die, die die gemeinsame Lebensweise betrafen, stellte sie manchmal zur Aussprache.

Immer wieder gab es Reformer, die an „Verwilderungen" des monastischen Lebens Anstoß nahmen. Das betraf nicht nur das geistige Leben in der Gemeinschaft, sondern auch die körperliche Trägheit. In manchen Benediktinerklöstern gab es Kritik am Speiseplan, der manchen Konventualen zu üppig und überladen schien. So wurde die Frage diskutiert, ob zu den zwei warmen Speisen, den „Pulmentaria", ein drittes Speiseangebot gemacht werden durfte, und wenn ja, ob zu diesem Gericht auch Fisch, Käse

und Eier gehören durften. Dass sich die Äbtissin mit solchen Fragen beschäftigen musste, bedauerte sie, denn sie bedeuteten Zeitverlust für wichtigere Aufgaben. Doch zugleich konnte sie den Mitbrüdern darlegen, was im eigenen Hause aufgetischt und wie auf dem Rupertsberg die Regel befolgt wurde. „Als Pulmentaria bietet man jene Speisen an, die auf dem Feuer gestanden haben und dann und wann mit dem Holzlöffel umgerührt wurden, damit sie nicht anbrennen konnten“, schrieb sie nach Hunna. „Aus Früchten und jungem Gemüse kann ein drittes Gericht gereicht werden. Bohnen und Erbsen und andere Gemüsearten sind gemeint. Sie werden so frisch vom Acker eingesammelt, wie Früchte vom Baum geholt werden. Sie sollen nicht gekocht, sondern nur geschält den Brüdern als drittes Gericht angeboten werden. Unter dem dritten Gericht kann man auch Fische, Käse und auch Eier verstehen und sie mit gutem Gewissen anbieten. Zwar führt sie der gütige Vater nicht eigens auf … Er hat sie aber damit, dass er sie nicht nannte, auch nicht namentlich untersagt.“
Ein Streitpunkt unter den Mönchen war die Frage, ob „Geflügel“ dem Begriff „Fleisch“ zuzuordnen sei, denn den Genuss von Fleisch hat St. Benedikt verboten. Mit Hildegards Erklärung durften die Brüder zufrieden gewesen sein: „Auch Geflügel wird nicht erwähnt, weil diese Speise in gesunden Tagen nicht verboten ist.“ Der Äbtissin vom Rupertsberg war alles suspekt, was übertrieben wurde. Das hatte sie seit den Tagen der Jutta von Sponheim zur Maxime ihres Handels gemacht. Maßlosigkeit, gleich welcher Art, war ihr ein Dorn im Auge.

Vier große Reisen unternahm Hildegard von Bingen im Verlauf ihres Lebens. Die erste führte sie 1158 und 1159 den Main hinauf nach Mainz, Wertheim, Würzburg, Kitzingen, Ebrach und Bamberg. Bevor sie nach einem Ritt durch den Steigerwald in Bamberg eintraf, hatte Hildegard eine Begegnung mit Abt Adam aus dem Kloster Ebrach. Aus dem Gespräch entwickelte sich eine lebhafte Korrespondenz. Er vertraute sich der „geliebten Mutter“ an und bat um Trost und Beistand.

Die Äbtissin vom Rupertsberg antwortete nicht spontan, nicht aus eigener Beurteilung der Lage, sondern nach der Versenkung ihrer Seele in Gott. Lang waren die Briefe, die Hildegard an Abt Adam richtete, und sie endeten in der Empfehlung: „Treuer Freund, wir wollen nicht, dass du dich der Bindung deines Amtes entziehst.“

Auch das Leben im Benediktinerkloster St. Michael in Bamberg bedurfte neuer geistiger Impulse. Abt Heinrich, dessen Amtsführung hart und streng war, gab Hildegard den Hinweis, er möge entschlossen, doch mit Barmherzigkeit und Ehrfurcht, seinen Söhnen die hohen Ansprüche und Regeln Gottes zeigen. In Bamberg traf Hildegard auch mit Bischof Eberhard zusammen, der, vom kaiserlichen Hoftag in Mainz kommend, bei ihr auf dem Rupertsberg 1163 Station machte und mit dem sie über die Dreieinigkeit Gottes korrespondierte.

Hildegard war lange unterwegs. Ihr Kloster war in der Zeit ihrer Abwesenheit auf sich gestellt, die Priorin hatte die Stellvertretung gut gemeistert. Ohne diese verlässliche Mitsorge würde sich die Äbtissin, von Gott und der Notwendigkeit der Besuche gedrängt, nicht schon bald wieder auf den Weg begeben.

„Sei unbesorgt“, sagte sie, „solange der Herr mitten unter uns weilt, stehen wir unter seinem Schutz. Ihm haben wir uns anvertraut, so wie du auf ihn zählst.“

Aber kaum war die Äbtissin wieder im Haus, da forderte der Lebensrhythmus seinen Tribut. Nicht die Stundengebete waren es, nicht die kleinen Nöte der Mitschwestern, sondern die Sorgen der Bauern und Handwerker in der Umgebung. Oft erbaten sie Rat, vielleicht auch nur eine Salbe gegen Hexenschuss oder einen Tee gegen die Beschwernisse der Galle. Hildegard hörte sich den Kummer an, fragte nach, überlegte, ging in die Apotheke hinüber und wählte sorgfältig aus, was sie anzubieten hatte. Einer der Boten wollte sich nicht abwimmeln lassen. Nein, nicht ohne die Klosterfrau selbst dürfe er daheim erscheinen, das sei ausdrücklicher Befehl seines Herrn. Notfalls würde er sich an den Vater Abt wenden und seine Forderung ihm antragen.

Hildegard fühlte sich erschöpft von der weiten Reise, der stundenlange Ritt, das unbeständige Wetter mit dem Nieselregen hatten ihr zugesetzt.

„Du gehst in meinem Namen“, sagte Hildegard zu Jonate. „Ich segne dich und rüste dich aus mit all meiner Kraft.“

Schwester Jonate war überrascht. Sie – zu einer Kranken? Sie wusste nicht einmal, wie sie einen Verband anlegen sollte, geschweige denn, wie man Kranken das Fieber maß und sie bettete. Doch sie gehorchte. Sie fand eine Bäuerin in einer Kate. Seit Tagen war sie krank, hatte einen heißen, roten Kopf.

„Du bist nicht die, nach der ich gesandt habe“, schimpfte der Gutsherr. „Hat mein Knecht nicht befohlen …“

„Ich komme an ihrer statt. In ihrem Namen. Äbtissin Hildegard ist erst von einer langen Reise zurückgekehrt und braucht Schonung.“

Der Gutsherr murrte, doch gab er sich mit der Entschuldigung zufrieden. „Ich bin ihr zu Dank verpflichtet“, erklärte er mit einem Blick auf die Kranke. „Als meine Frau starb, Gott hab sie selig, hat sie den Haushalt übernommen, die Kinder aufgezogen und ihnen das Vaterunser gelehrt. Das habe ich nicht vergessen. Tu dein Bestes.“

Jonate trat zögernd ans Krankenbett. Sie wusste nicht, was sie zuerst oder zuletzt tun sollte. Die Tasche enthielt einige Arzneien. Doch welche Pillen sollte sie anwenden, welche Tropfen ihr einflößen? Sie sah auf die Hände der alten Frau. Sie waren rau und gekrümmt von der Arbeit. Die Frau hatte sich nie geschont. Sie atmete schwer. Jonate murmelte ein Gebet. Dann streichelte sie die abgearbeiteten Hände der Bäuerin. „Steh auf", rief sie mit fester Stimme, „in Gottes Namen, steh auf! Du bist gesund!"

Da lächelte die Frau, setzte sich im Bett aufrecht, weinte, lachte, griff nach Jonates Händen und bedeckte sie mit Küssen. Dann stand sie auf. Jonate wich entsetzt zurück. Den Dank des Gutsherrn wartete sie nicht ab, wies das Geldstück zurück – es war von beträchtlichem Wert – und floh. Floh aus dem Haus, in dem Unerwartetes und Unmögliches geschehen war, schwang sich auf das Pferd und galoppierte heim, dem Rupertsberg zu. Kein Blick für den sonnendurchfluteten Wald, für die Mücken in den Lichtbahnen, das erschreckt aus dem Dickicht brechende Damwild. Im Klosterhof sprang sie vom Pferd, das Tier fand allein seinen Stall, rannte in ihre Zelle und warf sich aufs Bett. Zur Sext erschien Jonate nicht, auch zur Non nicht. Hildegard war besorgt. Die Mitschwester hätte längst im Kloster zurück sein müssen. Schließlich fand sie sie, noch immer sprachlos, mit kalten Händen, die sich nicht falten konnten zum Gebet.

„Ist es geschehen?", fragte Hildegard, fragte ohne Neugier, eher wie zur Bestätigung. Fragte auch nicht: „Was ist geschehen?", sondern „Ist es …"

„Ja, es ist geschehen", presste Jonate hervor. „Die Bäuerin lebt und ist gesund."

Hildegard nickte, lächelte, ging und nahm die Mitschwester in die Arme. „Du zitterst ja."

Ein Schatten im Jahr 1158 war der Tod Bernhards von Clairvaux, der Hildegards Sehergabe bestätigt hatte. Auch er besaß eine gewisse prophetische Schau, denn auf seiner Pilgerreise während seines Aufenthaltes in Wertheim sagte er einmal: „Auch dort wird eines Tages ein Kloster meines Ordens gegründet werden." Vor ihm lag das wilde Taubertal. Noch zu seinen Lebzeiten erfüllte sich diese Weissagung, zumal fränkische Edelleute die Stiftung eines Zisterzienserklosters beschlossen hatten. Auf der Suche nach einem geeigneten Platz stiegen plötzlich drei weiße Lerchen auf und zwitscherten ihr Morgenlied. Die Stifter erkannten darin einen Fingerzeig Gottes und bauten das Kloster an dieser Stelle – die Abtei Bronnbach. Eine der Lerchen zierte fortan das Wappen des Klosters. Die Abtei des heiligen Bernhard bestand aus markanten, grob behauenen Steinen. Die Mauern trotzten den Stürmen und Winden, den Unbilden der Natur. Aber sie sollten auch feindliche geistige Einflüsse fernhalten. Vater Bernhard war ein wachsamer Hüter, der auch unlautere Mittel nicht scheute, um seine Interessen im Dienst der Kirche durchzusetzen. Nun hatte der Tod ihn hinweggerafft.

Die zweite Reise 1160 führte Hildegard per Schiff und Pferd durch den Rheingau, die Mosel aufwärts nach Trier, nach Metz und zur Benediktinerabtei Krauftal bei Zabern. Hildegard hatte mit der Äbtissin Hazzecha bereits korrespondiert. Offenbar war die Atmosphäre in diesem Kloster von Intrigen vergiftet. „In einer wahren Schau hörte ich folgende Worte", schrieb sie an ihre Mitschwester, „die du von mir in glühendem Verlangen nach einer dringend nötigen Ermahnung erbeten hast … Höre folgende Gleichnisrede: Der Turm der Stadt ist die Liebe mit der Eintracht … Lerne daraus, dass fromme Menschen, unter denen Liebe herrscht, keinen Mangel leiden, weil ihre

Herzen von Sanftmut und Frieden wie von ausströmendem Balsamduft umgeben sind. Darum kann die alte Schlange sie auch nicht zerreißen ... Wo aber fromme Menschen, unter denen keine Liebe herrscht, im Namen des Herrn versammelt sind, gleichen sie einer Stadt, die keinen Turm besitzt und keine schönen Häuser ohne stattliche Höhe."

Trier. Seit der Synode mit Papst Eugen bestanden gute Verbindungen in die alte deutsche Römerstadt, auch mit Erzbischof Hillin und seinem späteren Nachfolger Arnold sowie zum ältesten deutschen Benediktinerkloster St. Eucharius unterhielt Hildegard freundschaftliche Beziehungen.

Die Äbtissin wusste um das Doppelleben der Bischöfe. Einerseits waren sie weltliche Fürsten, waren Königen und Kaisern verpflichtet, wurden in globale Konflikte und lokale Auseinandersetzungen, in Kriegszüge und politische Entwicklungen hineingezogen, andererseits sollten sie ein geistiges, Gott wohlgefälliges Leben führen. Diese Situation stürzte viele in schwere Gewissenskonflikte. Bedrückt schrieb ihr Erzbischof Hillin: „Mit den vielen, die zum Hafen deines Trostes ihre Zuflucht nehmen, bitte auch ich dich, heilige Mutter, im Vertrauen auf überreiche Erfüllung meines Verlangens ..." Geistlichen Zuspruch erwartete er, Worte der Ermunterung und Wegweisung. Hildegard antwortete bild- und wortreich und empfahl, das Bischofsamt so auszuüben, dass es streng sei in geistlicher Zucht, wegweisend in der notwendigen geistlichen Führung und barmherzig in seinem Urteil und seinen Entschlüssen.

Auch der in weltliche Zwistigkeiten verstrickte Bischof Hermann von Konstanz schrieb ihr: „Der Ruf deiner Weisheit, der sich weit und breit hin ergießt und mir durch zuverlässige Menschen zugetragen wurde, hat mich zu dem Wunsche angeregt, aus weiter Ferne bei dir Trost und Aufrichtung zu suchen und mich deinen Gebeten zu empfehlen ..."

Wie viele Monde lag die Korrespondenz mit Günther, dem Bischof von Speyer, nun schon zurück? Hildegard, die auch während ihrer Reisen Briefe schrieb und empfing, erinnerte sich in Trier an diesen Hirten und die ihm anvertraute Herde. Er war ein treuer Weggefährte der Stauferkönige Konrad III. und Friedrich I. Barbarossa und hatte sich um die Förderung der Klöster Hirsau und Maulbronn verdient gemacht. 1159 war er in Italien während des Feldzuges Friedrichs an der Pest – oder war es Malaria? – gestorben und auf seinen Wunsch hin in der Abtei Maulbronn beigesetzt worden.

Hildegard predigte in den Pfingsttagen 1160 in Trier. Viel Volk strömte zusammen, und auch der Klerus fand sich zahlreich ein. Viele Priester gaben kund, der Kirche besser dienen zu wollen als in der Vergangenheit. Manche baten auch um eine Niederschrift der Bußpredigt. Zwischen Abt Bertulf vom Kloster St. Eucharius und Hildegard hatte es schon zuvor einen Briefkontakt gegeben. „Reiche den Deinen das Licht der mütterlichen Zärtlichkeit und salbe ihre Wunden ohne das Gehabe der Tyrannei. Denn Christus, der gute Arzt, salbte die Wunden der Menschen unverzüglich mit Barmherzigkeit. Er umarmte und küsste das Schaf, das zu ihm gehörte, und wusch es sogar mit seinem Blut."

Bald nach dem Scheiden wurde der Äbtissin gemeldet, dass ein Mönch das Kloster heimlich verlassen habe. Sie bat den Konvent, den Bruder wieder liebevoll aufzunehmen. Ein anderer Mönch, Gerwin, war von einem anderen Kloster als Abt vorgesehen. Er hatte die Wahl trotz Hildegards Vorbehalte angenommen. „Gott umfängt diese Wahl nicht mit seiner Liebe", äußerte sie sich dazu, „auch sein Zorn ereifert sich nicht über sie, sondern er erträgt es wie vieles andere, das mit seiner Zulassung geschieht."

Die Mönche von St. Eucharius besaßen eine Abschrift der „Scivias“ und lasen mit großem Gewinn daraus.
Von Trier aus ritt Hildegard weiter die Mosel entlang nach Metz. Auch dort nutzte sie die Gelegenheit, um zu Klerus und Volk zu sprechen. Im Kloster Krauftal musste die Besucherin Überzeugungsarbeit leisten, denn die spirituelle Kraft der Nonnen war ermattet. Aber auch später gestand die dortige Äbtissin, dass sie die guten Ratschläge, die der Konvent empfing, „bis jetzt noch verschoben habe“, eine Antwort, die Hildegard nicht einfach hinnahm. Sie wandte sich an die Schwestern und erinnerte sie eindringlich an ihre Verantwortung, neues Leben in ihrer Mitte erblühen zu lassen. „Das geistliche Leben muss mit viel Hingabe umsorgt werden. Anfangs ist das bitter in seiner Mühe …“

Hildegard kehrte erschöpft zum Rupertsberg zurück. Sie hatte kaum Zeit, sich zu erholen. Auch die eigenen Schwestern hatten Anspruch auf ihre geistliche Führung! Manche Mitschwestern ersuchten sie um ein persönliches Gespräch, in dem sie Empfehlungen für ihren Weg der Seele erbaten, sich aber auch über Fragen des Zusammenlebens Rat holten. Denn eine beständig wachsende Nonnenschar lebte nicht ohne kleine Konflikte und Reibereien zusammen. Menschen adeliger Herkunft waren an eine gewisse Vorrangstellung gewohnt, und es machte ihnen Mühe, sich ein- oder gar unterzuordnen. In den Jahren des Reisens entstand das Buch vom verdienstvollen Leben – das „Liber vitae meritorum“, in dem Hildegard die Erlebnisse und Erfahrungen des Unterwegsseins mit einfließen ließ.

Die Äbtissin war schon länger krank, als sie die innere Aufforderung zur dritten Predigtreise empfing. Besorgte Mitschwestern wollten sie nicht ziehen lassen,

denn ihre Konstitution war nicht die beste. Abgemagert war sie und bleich war ihr Gesicht.
„Bevor du dich auf die Reise begibst, muss ich dich erst gehörig aufpäppeln", meinte die Küchenschwester. Doch Hunger nach den Speisen des Klosters hatte Hildegard nicht. Der Hunger der Seele trieb sie vielmehr zum Aufbruch, denn sie spürte, dass ihre leiblichen Kräfte allmählich schwanden. Auf ihrer dritten Reise in den Jahren 1161 bis 1163, der Rheinfahrt, war die Äbtissin zunächst in Boppard, Koblenz, Laach, dann im Kloster Marienburg bei Andernach und in der Benediktinerabtei Siegburg zu Gast. In Köln hielt sie sich länger auf. Sie unterhielt gute Beziehungen zu Erzdechant Philipp von Heinsberg, der später zum Erzbischof gewählt wurde. Das Domkapitel und der residierende Oberhirte hießen sie herzlich willkommen.
Köln war die Stadt der Kirchen, Klöster und Stifte. Bedeutende Handelswege trafen hier aufeinander und führten hinaus in alle Lande. Entsprechend lebhaft war der Verkehr auf den Straßen. Aber neben dem Handel hatten sich auch Kunst und Wissenschaft zur vollen Blüte entwickelt. Unruhe verbreitete eine neue Sekte, die Katharer. Die Bevölkerung war verunsichert, wie die Anhänger dieser Glaubensgemeinschaft einzuschätzen seien.
Als Hildegard eintraf, war es schon zum Eklat gekommen.
„Stell dir vor", erklärt Philipp von Rheinsberg, „eine aufgebrachte Menge hat den Bischof der Katharer mit seinem Gefolge aufgespürt, aus der Stadt getrieben und umgebracht."
Doch das war nicht die einzige Hiobsbotschaft. Einige aus Flamen eingereiste Katharer waren auf Anordnung der Justizbehörde verhaftet und auf dem Judenfriedhof verbrannt worden.
„Wie hat es denn dazu kommen können?", fragte Hildegard entsetzt.

„Sie wanderten von Ort zu Ort, predigten und behaupteten, die wahren Nachfolger der Apostel zu sein. Das beunruhigte nicht nur die Behörden, die einen Aufstand befürchteten, sondern auch die Kirche, weil diese Leute die Gläubigen noch mehr verunsicherten. Hier wurden sie nach einem langen Prozess zum Tode verurteilt – und, nun das Ende kennst du ja."

Die Äbtissin fand keine Worte.

„Ihr Führer Arnold segnete und ermahnte sie, den Feuertod so standhaft auf sich zu nehmen wie der Märtyrer Laurentius", fuhr der Erzdechant fort. „Besonders schicksalhaft war der Tod eines jungen, liebreizenden Mädchens. Die Leute wollten es überreden, der Sekte abzuschwören und so dem Feuer zu entkommen. Jedoch es zog sein Gewand über den Kopf und stürzte sich in die Flammen."

„Warum diese Grausamkeiten?", entsetzte sich Hildegard. „Warum der Scheiterhaufen? Hätte man die Katharer nicht anhand der katholischen Lehre überzeugen können, dass ihr Weg in die Irre geht?"

Philipp von Rheinsberg zuckte die Schultern. Er stand am Fenster und schaute auf das lebhafte Markttreiben hinaus. „Sie behaupteten, die perfecti sive boni homines – die vollkommenen und guten, die reinen Menschen – zu sein. Ja, sie haben sogar von unserem Erzbischof verlangt, er möchte sich mit seinen Klerikern einer öffentlichen Disputation stellen. Wenn man sie überzeuge, wollten sie den so genannten Irrtum aufgeben. Doch anderenfalls seien sie gewillt, für ihre Überzeugung in den Tod zu gehen."

„Und – hat der Erzbischof die Einladung zum Disput angenommen?"

Der Erzdechant kehrte vom Fenster zurück und sah die Äbtissin bekümmert an. „Nein, er hat abgelehnt. Denn er wusste, dass die Katharer in verschiedenen Punkten im

Recht sind, zum Beispiel, was die Lebensweise mancher Kleriker betrifft."
„Aber er weiß doch auch, dass die Kirche trotz aller Fehler eine göttliche Stiftung ist, für die er eintreten muss."
Philipp von Rheinsberg nickte. „Wärst du hier gewesen, die Sache wäre anders ausgegangen."
Hildegard wusste wohl um die Gefahr für die Kirche, und sie bezog öffentlich Stellung. Doch Machtmittel verabscheute sie. Sie wusste auch, dass viele Menschen sich fragten, ob diese Leute nicht die wahre Kirche Jesu Christi darstellen, wo sich die mächtigen Herren Prälaten mit dem Wohlstand der Welt umgeben und ein prunkvolles Leben führen.
„Dass die Kirche jetzt von den Katharern bedrängt wird und ihre Lehren viele Menschen verunsichern, ist eine notwendige Heimsuchung Gottes", sagt sie. „Gott lässt seiner nicht spotten."
Philipp von Rheinsberg seufzt. „Du gehst mit uns Prälaten recht hart ins Gericht."
„Nicht nur mit Prälaten und Geistlichen. Das Kirchenvolk mit seiner Sucht nach einem bequemen und süßen Leben ist vor Gott ebenso verantwortlich und trägt dazu bei, dass Gottes Gericht über uns hereinbricht. Hinzu kommt die Bedrängnis des Heiligen Stuhles durch das Schisma. Mein Gott, Philipp, wie weit ist es mit uns gekommen?"
Die Katharer verwarfen die Sakramente, waren gegen Ehe, Eid und Eigentum und leugneten die leibliche Auferstehung. Dagegen musste Hildegard das Wort ergreifen, denn diese Lehre stiftete Verwirrung, zog viele Menschen an, die sich als „Gläubige" nicht an die strengen Moralvorschriften gebunden fühlten. Bischöfe und Diakone waren die „Vollkommenen", die sich durch das sogenannte Consolamentum, die „Tröstung", vergleichbar einer Art Taufe, die Pflicht zur vollkommenen Enthaltsamkeit auferlegten. Um

diesen Zustand zu sichern, wählten viele die „Endura“ – den Hungertod. 1179, im Todesjahr Hildegards, verurteilte das Laterankonzil die Katharer, aus dessen Namen sich später der Begriff Ketzer ableitete.
Von Köln aus unternahm Hildegard noch einen Abstecher zum Benediktinerkloster Werden an der Ruhr. Mit dieser und mit anderen Abteien hatte sie schon zuvor in einem intensiven Briefwechsel gestanden. Dann, Anfang 1163, kehrte sie entkräftet und erschöpft, aber innerlich zufrieden, auf den Rupertsberg zurück. Reisemüde, nein, reisemüde war sie noch nicht …
Zwar waren Predigtreisen im 12. Jahrhundert nicht ungewöhnlich. Aber es war eine Frau, die im Land unterwegs war.

Ein besonderes Kapitel nahm das Verhältnis Hildegards zu Friedrich I. Barbarossa ein. Die politischen und kirchlichen Interessen weltlicher und kirchlicher Herrscher vermischten sich so verwirrend, dass es für den einfachen Gläubigen unmöglich war, dem „wahren Weg“ zu folgen. Auch die Äbtissin vom Rupertsberg litt unter diesen Entwicklungen, die zeitweise zu zwei regierenden Päpsten führte.
Friedrich I. Barbarossa war seit 1152 König, seit 1155 Kaiser. 1160 berief er ein Konzil nach Pavia ein, um die Papstfrage zu klären. Denn inzwischen beanspruchten zwei Päpste den Stuhl Petri, Alexander III. für die „italienische“ Seite und Viktor IV. für die kaiserliche Position. Die meisten Kardinäle unterstützten Alexander; Viktor war ein Günstling des römischen Volkes. Friedrich beabsichtigte, der „Kaiseridee“ zu folgen. Danach war der Kaiser der Vogt der Kirche und hatte bei strittigen Fragen der Papstwahl das Entscheidungsrecht, was von vielen Würdenträgern jedoch bereits in Frage gestellt wurde. Alexander warb offiziell in einem Schreiben für den Anspruch auf das

Papstamt. Beim Konzil wurde die Wahl Viktors bestätigt, denn die Förderer und Unterstützer Alexanders waren nicht zugelassen. Vornehmlich der italienische und französische Klerus und ein Teil der deutschen Geistlichkeit erkannten das Konzil und somit auch die Wahl Viktors nicht an. Ein Schisma war die Folge, das auch außerhalb des Reiches, vor allem in England und Frankreich, seine Auswirkungen zeigte. Noch 1159 hatte Barbarossa König Heinrich II. von England und König Ludwig VII. von Frankreich zur gemeinsamen Initiative zur Papstlösung eingeladen, um Viktor zu bestätigen. Doch beide Könige gaben Alexander den Vorzug. Militärische Auseinandersetzungen innerhalb Italiens verhalfen Friedrich I. 1162 zum Sieg und zum Höhepunkt seiner militärischen Macht.
Im April 1164 starb Viktor IV.; das Schisma schien dadurch zunächst beendet. Doch Rainald von Dassel, der Reichskanzler und Erzbischof von Köln, ließ ohne Wissen Friedrichs I. in Lucca Kardinal Wido von Crema zum neuen Papst wählen. Das war Paschalis III. Dieser Alleingang rief energischen Widerstand hervor, vor allem in Italien durch den neuen Veroneser Bund, aber auch in Deutschland. Zahlreiche deutsche und burgundische Bischöfe und Priester erkannten Alexander III. als Kirchenoberhaupt an. Der wichtigste unter den westlichen Herrschern, die ihm huldigten, war Rudolf von Zähringen, der 1162 ein Bündnis mit Ludwig II. geschlossen hatte.
Friedrich I. entwickelte eine große diplomatische Initiative. Zunächst versuchte er durch einen Kreuzzug zur Befreiung Jerusalems zusammen mit dem französischen und englischen König den Graben zwischen den Königreichen zu schließen und das Verhältnis zu Alexander zu entspannen. Dann ließ er 1164 die Gebeine der „Heiligen Drei Könige“ nach Köln überführen. Rainald von Dassel reiste 1165 an den englischen Hof in Rouen, um die Ehe zweier Töch-

ter Heinrichs II. mit einem Sohn Friedrichs I. und Heinrich dem Löwen auszuhandeln. Doch die Gespräche endeten mit einem unerwarteten Ausgang: Der Erzbischof segelte weiter auf die britischen Inseln und bedrängte Heinrich II., Alexander abzuschwören und Paschalis III. anzuerkennen. Der Grund: Heinrich lag im Streit mit Thomas Beckett, dem englischen Lordkanzler und Erzbischof von Canterbury.
Auf einer Reichsversammlung in Würzburg erreichte Rainer von Dassel in den „Würzburger Eiden", dass Friedrich und andere Fürsten und Bischöfe schworen, Alexander III. und seine möglichen Nachfolger niemals als Papst anzuerkennen. Man erhoffte sich, gemeinsam mit England gegen das Kirchenoberhaupt vorgehen zu können. Friedrich I. setzte den Mainzer Erzbischof Konrad von Wittelsbach ab und reiste in den Raum Salzburg, wo Alexander starken Rückhalt hatte, um für seine Position zu werben. Die „Würzburger Eide" hatten indessen nicht den gewünschten Erfolg. Englands König Heinrich II. brauchte die Unterstützung Alexanders III., für den auch der englische Episkopat eintrat, nachdem Thomas Beckett ermordet worden war, für dessen Tod man den König mitverantwortlich machte. Politische Auseinandersetzungen in Süditalien nutzte Friedrich I. zu seinem vierten Italienfeldzug, an dem sich Rainald von Dassel und Erzbischof Christian von Mainz beteiligten. Rom kapitulierte. Alexander floh im Gewand eines Pilgers nach Benevent. Einer ausbrechenden Seuche fiel auch Erzbischof Rainald von Köln zum Opfer. Viele Soldaten starben. Friedrich I. kehrte mit dem Rest seiner Streitmacht nach Deutschland zurück und suchte nun die Lage in Verhandlungen mit Alexander III. zu entspannen. Doch nach dem Tod Papst Paschalis III. im Herbst 1168 kam mit Calixt III. erneut ein Gegenpapst auf den Thron. Das war die politische Lage.

Die Äbtissin traf 1154 mit dem Kaiser in der etwa zwölf Kilometer entfernten Kaiserpfalz Ingelheim zum ersten Mal zusammen. Wie viele Herrscher vor oder nach ihm, wechselte der Regent mehrmals im Jahr das Quartier. Er war mit seinem Tross auf allen Pfalzen des Reiches anzutreffen, so konnte er sich ein aktuelles Bild von den Geschehnissen vor Ort machen.
Zunächst hatte Hildegard sich in die Schar der Gratulanten zur Krönung eingereiht, aber ihr Brief unterschied sich von allen anderen Huldigungsschreiben, denn in ihm sprach das „Lebendige Licht“, das Friedrich zur Barmherzigkeit aufforderte und ihn zugleich ermutigte, als „bewaffneter Soldat“ dem Teufel zu widerstehen. Einige Zeit später schrieb sie abermals an den Herrscher. Denn Erzbischof Heinrich I. von Mainz, Hildegard stets zugetan, sollte abgesetzt werden. Heinrich hatte sich bei der Königswahl der Stimme enthalten und wurde nun der Veruntreuung kirchlicher Güter angeklagt. Er starb noch im Herbst desselben Jahres, wie Hildegard es vorausgesehen hatte. Friedrich I. Barbarossa sorgte nun dafür, dass der frühere Kanzler seines Onkels Konrad III., Arnold, zum neuen Erzbischof gewählt wurde. Die Äbtissin vom Rupertsberg warnte den Kaiser: „Gib Acht, dass der höchste König dich nicht zu Boden streckt wegen der Blindheit deiner Augen, die nicht richtig sehen, wie du das Zepter zum rechten Regieren in deiner Hand halten musst. Darauf habe Acht! Sei so, dass die Gnade Gottes nicht in dir erlischt …“

Friedrich I. Barbarossa hatte das ermutigende Gespräch ihrer ersten Begegnung nicht vergessen, allerdings hatte sich die Lage inzwischen zugespitzt. Hildegard übersah das höfische Gepränge, das den Herrscher aus der Versammlung der Berater, Höflinge, Soldaten und Bediensteten heraushob und zu einer hervorstechenden Per-

son machte. In diesem Umfeld, so schien es der Äbtissin, würde es niemand wagen, die Wahrheit oder etwas Nachteiliges über den Kaiser zu sagen. Friedrich I. Barbarossa empfing sie stehend, nicht auf seinem Thron sitzend, der seinen Herrscheranspruch verdeutlicht hätte. Hildegard verneigte sich tief, so wie sie den Oberkörper auch vor dem göttlichen König in den Stundengebeten beugte. Barbarossa deutete eine Verneigung an, die edelsteinbesetzte Krone zitterte einen Augenblick. Auch bei der Unterredung blieben beide zunächst stehen.
„So, unser Standort wäre zunächst ja geklärt, aber nicht unser Standpunkt", begann Hildegard das Gespräch. Ihre Stimme war klar, sie sah dem Kaiser fest in die Augen. Ein spöttischer Zug lag um die Mundwinkel des Herrschers. Sein Bart war leicht angegraut, die dunklen, dichten Brauen bildeten eine Brücke über dem Ansatz der Nase. Die Augen blickten unruhig.
„Du bist gekommen, mir den Kopf zu waschen", erwiderte Friedrich I. Barbarossa und schob den Unterkiefer vor, „steht dir das zu?"
„Zu diesem Zweck müsstest du zunächst deine Krone abnehmen", lächelte die Äbtissin, „doch so weit möchte ich dich nicht erniedrigen."
Der Kaiser lachte. Er liebte diese Art Witz. Doch Hildegard war es ernst. Die beiden wechselten noch ein paar höfliche Floskeln, dann schien das Eis gebrochen. Nach einer Weile bot Barbarossa Hildegard mit der Bewegung seiner linken, ringgeschmückten Hand einen Stuhl an und rückte einen zweiten neben sie. Er setzte sich nicht auf seinen Thron. Den schweren, pelzverbrämten Mantel schlug er mit einer energischen Geste zurück. Die Wache und die Hofbediensteten scheuchte er hinaus. „Bei diesem Gespräch soll es keine Zeugen geben" entschied der Kaiser, „und was du mir zu sagen hast und ich dir, bleibt unter uns."

Der Äbtissin kamen die Worte in den Sinn, die Barbarossa ihr ein Jahr nach seiner Kaiserkrönung geschrieben hatte: „Friedrich, durch Gottes Gnade römischer Kaiser und ständiger Mehrer des Reiches, entbietet Frau Hildegard von Bingen seine Gunst und alles Gute. Wir geben deiner Heiligkeit bekannt, dass wir das, was du uns vorhergesagt hast, als wir uns in Ingelheim aufhielten und dich baten, vor uns zu erscheinen, schon in Händen halten. Aber trotzdem werden wir nicht aufhören, uns mit aller Anstrengung um die Ehre des Reiches abzumühen. Daher ermahnen wir deine Liebe aufs inständigste, du wolltest mit deinen dir anvertrauten Schwestern für uns zum allmächtigen Gott deine Bitten emporsenden, damit, wenn wir uns in irdischen Geschäften abmühen, er uns so zu sich wende, dass wir seine Gnade zu erlangen vermögen. Du darfst aber überzeugt sein, dass wir bei jedem deiner Anliegen, die du uns übermittelst, weder die Freundschaft noch den Hass irgendeiner Person berücksichtigen werden, sondern uns vorgenommen haben, allein im Hinblick auf die Gerechtigkeit Recht zu sprechen."
Das waren schöne, ermunternde Worte. Aber jetzt ... War das noch derselbe Kaiser, der vor ihr saß, der so hoffnungsvoll die Geschäfte des Reiches in die Hand genommen hatte? War der Idealist nicht längst in das Gestrüpp politischer und egoistischer Machenschaften verstrickt, in das fast alle Regenten hineingerieten?
„Wer herrscht, darf kein enges Gewissen haben", sagte Friedrich I. Barbarossa, „oder es bringt ihn um."
„Du meinst also, man darf von den vor Gott gemachten Versprechen und Eiden abweichen, um seine Haut zu retten?"
„So streng siehst du mein Handeln?", fragte der Kaiser mit Nachdruck. „Ich versuche einen Weg zu gehen, der dem Reich dient. Dabei sind Opfer unvermeidlich."

„Du hast einmal von Gerechtigkeit gesprochen, hoher Herr. Gerechtigkeit, die allen zuteilwerden soll. Doch nun sehe ich politische Winkelzüge um deines persönlichen Vorteils willen und zur Vermehrung deiner Macht. Dein Weg ist dunkel und nicht gottgewollt."
Solche Worte wagte niemand dem Kaiser auf den Kopf zuzusagen. Das Gesicht des Herrschers erblich und erstarrte zugleich. Hildegard zuckte zusammen, fürchtete jetzt ein Machtwort des Gesprächspartners. Doch nichts geschah. Die zusammengepressten Lippen und das vorgeschobene Kinn wirkten finster. Einige Minuten war es mäuschenstill. Dann erhob sich der Kaiser, nickte nachdenklich, drehte der Äbtissin den Rücken zu und ging wortlos bis zur Tür. Dann wandte er sich noch einmal um. „Wenn du etwas für dein Kloster und für deine Nonnen brauchst, lass es mich wissen." Darauf fiel die Tür ins Schloss.

Im Erzbistum Mainz kam es zu herben Auseinandersetzungen zwischen Erzbischof Arnold, der mit dem Kaiser auf dem zweiten Italienfeldzug weilte, und der Bürgerschaft der Stadt, die dem Oberhirten den Tribut verweigerte. Auch die Geistlichen waren sich uneins. Hugo, Hildegards Bruder, gehörte zu den Gegnern Arnolds. In diesen Monaten erreichten Hildegard vermehrt Briefe von Priestern und Mönchen, die in dieser schweren Zeit ihre moralische Hilfe erbaten.
Arnold von Seelenhofen hatte 1153 die Nachfolge des auf Betreiben Friedrich I. Barbarossas vom Papst abgesetzten Erzbischofs Heinrich angetreten, der ein verlässlicher Förderer der Neubesiedlung auf dem Rupertsberg war. Der neue Oberhirte entstammte den Ministerialen, die sich aus einem unfreien zu einem angesehenen Stand mit eigenen Rechten und Freiheiten emporgedient hatten. Doch der Adel an Rhein und Main lehnte den Empor-

kömmling ab. Hildegard, die sich aus politischen Querelen heraushielt, schrieb dem Bischof: „O Vater, das Lebendige Licht gab mir folgende Worte für dich: Warum verbirgst du dein Antlitz vor mir, als wäre dein Herz vor Zorn verwirrt? Wegen der geheimnisvollen Worte, die ich nicht aus mir sage, sondern so, wie ich sie im Lebendigen Licht schaue? Oft wird mir gerade das gezeigt, wonach mein Herz nicht verlangt und mein Wille nicht sucht."

Weihnachten 1155 wurde Erzbischof Arnold zusammen mit dem Pfalzgrafen bei Rhein, Hermann von Stahleck, auf dem Reichstag zu Worms „angeklagt, weil sie in Abwesenheit des Kaisers das Land durch Plünderungen und Brandschatzungen beunruhigt hatten". Der Pfalzgraf sowie zehn weitere Grafen wurden darauf vom Kaiser dazu verurteilt, „eine deutsche Meile weit Hunde zu tragen".

Arnold stand wie Friedrich I. auf der Seite des Gegenpapstes Viktor IV. Papst Alexander verhängte 1160 über Erzbischof Arnold den Bann. Da die Tributsfrage noch nicht gelöst war, kam es zu heftigen Kämpfen zwischen ihm und den Bürgern, die auf Seiten Alexanders standen. Arnold wurde mit seinem Bruder von der aufgebrachten Menge vor einem Kirchenportal erschlagen. Als Nachfolger wurde Konrad von Wittelsbach inthronisiert, der, zunächst vom Kaiser als charakterfester Mann geschätzt, schon 1164 in Ungnade fiel, weil er sich für die Gefolgschaft Papst Alexanders entschied und sich 1165 auf dem Hoftag zu Würzburg gegen den nach Viktors Tod aufgestellten Gegenpapst Paschalis III. aussprach, dem die meisten deutschen Kirchenfürsten ihre Gunst erwiesen. Konrad von Wittelsbach floh zu Papst Alexander.

Hildegard hatte hohe Achtung vor dem Amt des Herrschers, und so hielt sie sich in den turbulenten Tagen zunächst mit ihrem Urteil über dessen Entscheidungen zurück. „Vertraue auf Gott", riet sie Friedrich, „und deine

Feinde werden dich nicht überwältigen. Suche seine Gerechtigkeit, beobachte seine Vorschriften auf allen Wegen und bei allen deinen Richtersprüchen und mach ihn dir geneigt durch Almosen und fromme Gebete …“
Mit solchen ermunternden Worten war es jedoch bald vorbei, als sie die zwiespältigen Handlungen des Kaisers verfolgte. „O König“, schrieb sie ihm, „es ist dringend notwendig, dass du in deinen Handlungen vorsichtig bist. Ich sehe dich nämlich in der geheimnisvollen Schau wie ein Kind, einen unsinnig Lebenden vor den lebendigen Augen Gottes. Noch hast du Zeit, über irdische Dinge zu herrschen. Gib Acht, dass der höchste König dich nicht zu Boden streckt wegen der Blindheit deiner Augen, die nicht richtig sehen, wie du das Zepter zum rechten Regieren in der Hand halten musst. Darauf habe Acht: Sei so, dass die Gnade Gottes nicht in dir erlischt!“ Und da sie keine Wandlungsbereitschaft im Leben des Kaisers erkannte, kleidete sie ihre Warnung mit einem Spruch aus der Bibel in noch deutlichere Worte: „Der da ist, spricht: ‚Die Widerspenstigkeit zerstöre ich, und den Widerstand derer, die mir trotzen, zermalme ich.‘ Das höre, wenn du leben willst!“
Hildegard sprach von Wandlungen. Nicht nur von der Klimaveränderung, die den Gelehrten Kopfzerbrechen machte, auch von der explodierenden Bevölkerung, die den Weg in die Städte suchte, weil die Landwirtschaft sie nicht länger ernähren konnte, von neuen Techniken und neuen Dörfern. „Ich möchte, dass deine Regierungsepoche als Glanzzeit in die Geschichte eingeht, Friedrich“, wünschte sie ihm bei einer anderen Gelegenheit, „dass du in den Geschichtsbüchern einen ehrenwerten Platz erhältst. Dass du über das Zeitliche hinaus weiterlebst.“
Die Worte der Kritik waren nicht nur in des Kaisers Ohr gedrungen, auch Mitglieder des Hofstaates, der Regierung hatten sie vernommen und hinter der hohlen Hand kom-

mentiert. Aus der Kaiserpfalz fanden die Worte der Äbtissin ihren Weg in die Städte, die sich nur zu gern vom Adel befreien wollten, und in die ländlichen Räume, in denen es wegen der hohen Abgaben gärte. Korruption und Sittenverfall waren zwei Entgleisungen, gegen die Hildegard wetterte. Ihr gestärktes Selbstbewusstsein und ihre Rückversicherung bei Gott in den Visionen gaben ihr die Kraft, Dinge anzusprechen, die die Regierenden in Kirche und Welt nur ungern hörten. Die Äbtissin war der Stachel im Fleisch von Kirche und Welt.
Hildegard hielt zu Papst Alexander III., aber sie nahm gegenüber dem Herrscher kein Blatt vor den Mund. Friedrich I. Barbarossa, der „Mehrer des Reiches", war ein zorniger Mann, doch seine Launen, unter denen viele Menschen zu leiden hatten, trafen Hildegard nicht. Am 10. April 1163 hatte er ihr in Mainz den gewünschten Schutzbrief für den Rupertsberg ausgestellt.

Erzbischof Eberhard von Salzburg war ein ehrenwerter, charaktervoller Mann, ein geistlicher und weltlicher Regent über ein weit reichendes Kirchengebiet. Inzwischen war er fünfundsiebzig Jahre alt. Er war Anhänger des rechtmäßigen Papstes. Doch das hinderte Friedrich I. Barbarossa nicht, ihn wegen seiner Aufrichtigkeit und Verdienste hoch zu schätzen. Seit 1163 waren Hildegard und Eberhard bekannt. Die Äbtissin hatte versprochen, für ihn zu beten. Von Salzburg aus richtete Eberhard einen Brief an die Äbtissin, in dem er bekennt: „Ich Sünder, der ich ins Tal der Tränen versetzt bin, aufgerieben von den vielen Wirbeln und Stürmen der Welt, habe von innen Furcht, von außen Kämpfe erlitten. Nun bitte ich deine Liebe aufs Inständigste: Ergieße deine Gebete für mich, damit die göttliche Barmherzigkeit mir das Innerste ihrer Güte auftue und milde mich allen Trübsalen entreiße. Denn der

Kaiser unterfängt sich, wegen des Schismas, das zurzeit in der Kirche besteht, uns Gewalt anzutun …"
In ihrer Bewertung des Schismas stimmten der Erzbischof und die Äbtissin überein. Doch Hildegard sah mehr: Die geistige Schau offenbarte ihr einen Mann, der zwischen den geistlichen und weltlichen Pflichten zerrissen wurde, der den seelsorglichen Aufgaben nicht in vollem Unfang nachkommen konnte, weil die politischen ihn banden. Diesen Zwiespalt kannte sie aus ihrem eigenen Kloster: Die wirtschaftlichen Verpflichtungen zur Erhaltung der Abtei und zur Versorgung des Konvents durften neben den geistlichen Übungen nicht vernachlässigt werden. So versuchte sie, dem erschöpften Erzbischof Trost zu vermitteln und Mut zu machen, damit er seine letzten Lebensjahre nicht in Selbstzweifeln verbringen musste.

Im Frühjahr 1165 beobachteten Hildegard und ihre geistlichen Töchter vom Rupertsberg aus mit Entsetzen, wie verschiedene Dörfer in der Rheinebene und im Mainzer Sprengel in Flammen aufgingen. Friedrich I. Barbarossa hatte Erzbischof Konrad den Kampf angesagt, weil dieser seine Unterstützung für den vom Kaiser eingesetzten Gegenpapst verweigerte. Die Bevölkerung war ihrem Erzbischof zugetan und musste nun die Rache des Regenten spüren. Der Kaiser setzte seine Truppen in Bewegung und überzog das Mainzer Gebiet mit Feuer. Der kaiserliche Schutzbrief vom Jahr 1163 tat seine Wirkung: Den Rupertsberg griff die Streitmacht nicht an. Doch das erst 1148 von der Rüdesheimer Edelfrau Marka gegründete Kloster in Eibingen wurde mit dem Winzerdorf ein Raub der Flammen. Die Augustiner zogen ab und kehrten nicht wieder zurück.
Immer mehr Menschen kamen zum Rupertsberg, um Rat zu suchen. Aber auch die Zahl junger Bewerberinnen, die

sich für ein Leben im Kloster entschieden, wuchs von Jahr zu Jahr. Bisher hatte Hildegard nur Frauen adeliger Herkunft aufgenommen. Das würde sie jetzt ändern.
Zuerst beriet sich die Äbtissin mit ihrer Vertreterin, der Priorin, doch bei so weit reichenden Entscheidungen musste der Konvent mitbestimmen.
„Ich danke allen, die ihre schmale Zelle bisher mit einer Mitschwester teilen mussten, weil der Platz für die Postulantinnen und Novizinnen nicht ausreichte. Diese Zeit soll nun ein Ende haben. Ich möchte ein neues Kloster gründen und erbitte eure Meinung dazu."
Einen Augenblick herrschte betretenes Schweigen im Kapitelsaal. Manche Nonnen sahen sich fragend an. Schon wieder eine neue Niederlassung? Schließlich fragte Schwester Walburga: „Wo und wie soll das geschehen, würdige Mutter?"
„Ich denke an das verwüstete Kloster Eibingen auf der anderen Rheinseite, das wir wiederbesiedeln könnten. Dort möchte ich zunächst einen Seitenflügel herrichten lassen, in dem dreißig Benediktinerinnen vor allem aus dem nichtadeligen Stand Platz haben werden."
„Zwei Klöster – das bedeutet eine zweifache Belastung. Schon jetzt ist der Rupertsberg selten noch ein Ort der Stille. Denk an die vielen Besucher, die Ratsuchenden, die Gäste und Beter. Wie sollen wir zwei Klöster unterhalten und dennoch den Kernsatz unseres Vaters Benedikt ‚Bete und arbeite' befolgen können?"
Die Einwände mancher Nonnen machten der Äbtissin zu schaffen.
„Unser eigenes Haus platzt aus den Nähten, und die Stille und Abgeschiedenheit, die wir hier anstreben, werden immer seltener erreicht" verteidigte sie sich. „Wir müssen eine Lösung finden, um das ‚Ora et labora' wieder ganz befolgen zu können."

Nach langem Zögern stimmte der Konvent der Gründung zu. Hildegard erwarb von der Edeldame Grundstück und Gebäudereste und ließ die Mauern des Klosters hochziehen. Noch im selben Jahr konnten die ersten Nonnen ihre Zellen mit den wenigen persönlichen Habseligkeiten einrichten. Auch das Kirchlein war dienstbereit. Der Standort war gut gewählt: Zum Fluss hin öffnete sich die Rheinebene, an den Hängen wuchsen Rebstöcke, und in den Höhen schimmerte der Wald. Das von einem geschlossenen Viereck umgebene Terrain war ein wahrer Ort der Sammlung und des Gebetes.

Wie wird man später über mich denken? Was über mich schreiben? Wie von mir sprechen? Es war nicht Stolz oder Geltungssucht, die Hildegard diese Fragen stellen ließen, sondern die Erforschung ihres Gewissens. War das, was sie in den Visionen hörte und sah, was in ihren Büchern stand, die wort- und bildgetreue Wiedergabe der himmlischen Offenbarungen? Die Nächte waren lang und dunkel, vor allem die im Winter, wenn der Sturm um die Klostermauern heulte und an den Blenden der Fenster rüttelte. Das Feuer im Kamin kämpfte vergebens gegen die Kälte an. Der Januar war vorbei, doch auch der Februar brachte strengen Frost mit sich. In diesen Nächten entbehrte Hildegard einen ausdauernden und erholsamen Schlaf. Zu viele Gedanken schwirrten ihr durch den Kopf. Sie betrafen nicht nur ihre Berufung, ihre Arbeit, die ungelösten Fragen um die Klöster und das geistliche Leben, noch mehr beschäftigte sie sich mit der Lage im Reich, den verworrenen Botschaften, die sie erreichten, mit der unterschiedlichen Wertung der politischen Ereignisse.

Doch dann hatte sie ein Bild vor Augen, das einmal, in Farben übertragen, die Zeiten überdauern würde: Es war den Visionen nachgezeichnet und nannte sich „der Kosmosmensch“. Ein geschmückter Rahmen, in ihm mehrere Kreise in unterschiedlichen Farben. Oben, in der Mitte, die Gestalt Gottvaters, sein Haupt schien aus dem Kopf einer unter ihm befindlichen feurigen Gestalt hervorzusteigen, von der nur die ausgreifenden, allumfassenden Arme und die Füße zu sehen waren. Sphären, kosmische Bewegungen und Winde waren abgebildet – und ein nackter Mensch mit ausgebreiteten Armen. Die Seherin selbst war am unteren linken Rand des Bildes zu sehen, auf einem Stuhl sitzend, den Kopf lauschend leicht erhoben, die Schiefertafeln mit dem Stift auf dem Schreibpult griffbereit. Was diktierte sie Volmar, dem Sekretär?

„Über Seiner Schöpfung thront der allgewaltige Schöpfergott in Gestalt eines Menschen. Aus feuerrotem Antlitz zündet Sein Licht hin über die Schönheit der Welt, um in der Füller Seiner Liebe alles mit dem ganz heilen Leben zu durchdringen.“ Mönch Volmar hörte die Worte, sah sie, die in flüchtigen Stichworten niedergeschrieben waren, er zögerte, musste sie erst bedenken. Was bedeuteten sie? Rätsel, hinter denen sich eine Weltordnung offenbarte, die kein irdischer Verstand auf Anhieb begriff.

Ja, die Nächte waren stürmisch und kalt. Unten im Tal duckten sich die Häuser unter der Last des Schnees. Aus den Schornsteinen quoll weißer Rauch. Ob es den Fischreiher noch an die Nahe zog, wo die Angler Löcher ins Eis gestampft hatten, um ein paar Fische zu fangen? Bei der Kälte würde er sich in seinen Horst oder in wärmere Gefilde zurückgezogen haben und dort auf einem Bein stehen und einen Stein im Schnabel tragen, der ihn vor dem Einschlafen bewahrte ... Hildegard dachte an ihren Vater, der ein humorvoller Mensch mit ausgelassenen Einfällen gewesen war, und an ihre Mutter, die ein ernsteres Gemüt besessen hatte, aber von Liebe zu ihren Kindern übergeflossen war. Wie lange waren sie inzwischen tot? Vor den Augen der Äbtissin verwandelte sich die Winterlandschaft in einen paradiesischen Garten. Ja, einmal würden sie sich alle dort wiedersehen, die sich geliebt hatten und die nicht voneinander lassen wollten, die der Tod jedoch trennte ...

Hildegard war mitten in der Arbeit am Buch „Liber vitae meritorum“ – das Buch der Lebensvergeltung –, als ihr der Besuch eines hoch studierten Mannes gemeldet wurde, der ihren Visionen und den daraus entstandenen Veröffentlichungen sehr kritisch gegenüberstand. Im Besuchszimmer empfing die Äbtissin ihn wie einen alten Bekannten. Sie hatte keine Scheu vor Kritik, wusste sie sich doch durch ihre Aussagen in Gott geborgen.
„Ich bitte meine Anwesenheit vertraulich zu behandeln“, bat der Gast. „Wenn sich in meiner Universität herumspricht, dass ich mit dir zusammengetroffen bin, schadet das meiner Reputation.“
Hildegard lächelte. „Ich habe keine ansteckende Krankheit, dass du dich fürchten musst, infiziert zu werden. Ich habe Hochachtung vor gelehrten Menschen, denen es vergönnt war, Universitäten zu besuchen und zu studieren. Frauen ist das leider noch verwehrt.“
„Umso inständiger bitte ich dich, meinen Besuch geheim zu halten. Denn es würde mir sonst wahrscheinlich nachgesagt, dass ich mir – verzeih – bei einer Frau Rat gesucht habe.“
Die Äbtissin ließ dem Gast eine Erfrischung bringen. Schwester Barbara stellte wortlos ein Glas Wein auf den Tisch, verdrehte mit einem Blick auf den Besucher die Augen und verließ schulterzuckend den Raum. Der Mann war ihr suspekt, auch wenn er vornehm gekleidet war. Trotz seiner Eleganz war er nicht im Ein- oder Zweispän-

ner vorgefahren, sondern auf dem Pferd heraufgeritten. Das Pferd hatte der Stallknecht abseits in den Schatten der Kelterei geführt. Das war wohl ein weiterer Beweis für die Geheimhaltung dieses Besuches.
„Vor mir musst du dich nicht fürchten", sagte die Äbtissin, nachdem der Gelehrte einen Schluck Wein genossen hatte. „Du hättest nicht so unbemerkt oder unauffällig auf den Rupertsberg kommen müssen."
„Aber vielleicht fürchtest du dich vor mir, wenn ich dir – um es salopp zu sagen – auf den Zahn gefühlt habe."
„So, so, das hast du also vor. Ich habe eher den Eindruck, dass dich die Angst hierher geführt hat, weil eine Frau das Wissen der Zeit durch ihre Aussagen und Publikationen auf den Kopf stellen könnte."
Der Fremde, der seinen Namen nicht nennen wollte, lächelte. „Nenn mich Philosoph, das trifft zu. Philosophen denken, das ist dir ja nicht fremd, über den Sinn des Lebens nach und ziehen daraus ihre Schlüsse."
„Das ist in unserem Kloster nicht anders", erwiderte Hildegard. „Wir stehen in ständigem Austausch mit dem Himmel – durch unsere Gebete und Meditationen."
Der Philosoph holte tief Luft. „Bei dir ist das aber noch etwas anders, denke ich, nicht wahr? Du hast – wenn ich mich nicht irre – einen direkten Draht zum Himmel, denn die Visionen, die man dir nachsagt, und die Ergebnisse, die du in Form von Schriften kleidest, sind von ungewöhnlicher Art. Kein Mensch hat je so geschrieben und sich dabei auf höhere Eingebungen berufen – es sei denn, er wäre ein geschickter Betrüger."
Der Mann zog ein Schnupftuch hervor und schnäuzte sich umständlich. Er wollte Hildegard Gelegenheit geben, auf diese Worte gebührend zu antworten. Die Äbtissin antwortete nicht sogleich, sie musste aber auch nicht nachdenken. Sie sah den Gast ein wenig traurig an. „Einen ge-

schickten Betrüger würde Gott in diesen Mauern nicht dulden“, sagte sie nach einiger Zeit. „Aber siehst du mich hier von Büchern umgeben, aus denen ich mein Wissen schöpfen könnte? Nein! Wenn du den Weg in unsere Bibliothek nicht scheust, wirst du keine Publikation finden, die denen ähnelt, die ich geschrieben habe. Mein Wissen kommt von Gott. Von Kindesbeinen an habe ich die Gnade der Schau, doch manchmal kann sie auch ein Fluch werden, wenn ich zu Dingen aufgefordert werde, denen ich mit Scheu begegne. Ich bin nicht mutig, mein Herr, ich lasse mich manchmal vom Herrn des Himmels zu etwas drängen, dem ich eigentlich aus dem Weg gehen möchte. Verstehst du das?“

Manchmal entstand eine Pause, weil Hildegard sich Zeit nahm, die Fragen zu beantworten, und der Gelehrte Zeit brauchte, um sie zu verstehen. Er hatte viele Fragen.

„Es geht das Gerücht, dass du die Verbindung zum Himmel erst dann erhältst, wenn du zum Beispiel von Kopfschmerzen geplagt wirst. Wenn also ein physisches Leiden dich quält, sind die Lichterscheinungen die Folge einer körperlichen Qual? Ist das so?“

Die Äbtissin lächelte. Sie spürte, dass der Besucher sie aufs Glatteis führen wollte. „Wenn du die Heilige Schrift kennst, und davon gehe ich aus, wirst du dich erinnern, dass es das Sehen dort häufig gibt. Denke an die Blindenheilungen, an Zachäus, an die Berufung des Natanael oder an die Verklärung auf dem Berg Tabor. Sehen in biblischer Sicht heißt ja nicht zuerst ein äußeres Sehen oder ein Wahrnehmen der Wirklichkeit von außen. Sehen in biblischer Sicht bedeutet ‚liebendes Erkennen‘ und Einsicht in die Wesenheit der Dinge. Man hat es also mit einer Gesamtschau der Zusammenhänge zu tun. Auf diese Weise wird mir zum Beispiel ein Einblick in die unerklärlichen Geheimnisse Gottes offenbar, der sich in Jesus Christus den Menschen zeigte. Meine Visionen sind sozusagen eine Vorform des jenseitigen Schauens, ein Blick in die himmlische Glückseligkeit, die uns, so hoffen wir, einmal zuteil werden wird. Gott gibt mir – ich weiß, dass ich unwürdig bin – Anteil an seiner Sicht der Dinge und der Welt. Wahrscheinlich hätten viele Menschen diese Gabe, wenn sie sich Zeit nähmen, in sich zu gehen, auf die Stille zu hören und sich ganz auf Gott einzulassen. Dann spricht der Herr der Schöpfung. Man hört ihn. Sehen und Hören sind wie die Doppelseite einer Medaille. ‚Das Volk sah das Wort', heißt es im Buch Deuteronomium, und bei Jesaja steht ‚Das Wort, das Jesaja in einer Vision vernommen hat'. Bedenke", fuhr Hildegard fort und blickte ihren Besucher liebevoll an, „in der frühen Kirche und vor allem in der Tradition der Mönche gab es den Dreiklang ‚Lectio'-‚Meditatio'- ‚Oratio'. Diesen Weg der Kontemplation habe ich von frühester Jugend eingeübt und so zu sehen begonnen."

Eine Weile war es still. Man sah, dass es hinter der Stirn des Philosophen arbeitete. Er antwortete nicht auf das, was Hildegard gesagt hatte.

„Du siehst den Menschen anders als ich – oder wir, die wir uns Wissenschaftler nennen", fuhr er schließlich fort. „Wir nehmen das für bare Münze, was wir sehen oder mittels unseres Verstandes erkennen. Die Seele sehen wir nicht. Mal, sagt man, ist sie im Kopf, wie bei den Kelten, oder hat ihren Sitz im Herzen."

„Die Seele sitzt im Herzen wie in einem Haus", unterbrach Hildegard den Gast. „Und die Gedanken des Herzens sind die Baumeister des Lebens."

Der Philosoph schwieg, doch seine gerunzelte Stirn deutete darauf hin, dass er über die Worte Hildegards nachdachte. Es war ein heller, freundlicher Tag . Die Luft war klar, doch frühmorgens bereits schon nebelig und kalt.

Der Herbst kündigte sich an. Wir werden einen frostigen Winter bekommen und viel Holz für den Kamin benötigen, dachte die Äbtissin. Sie musste dringend mit dem Holzknecht über die Vorräte sprechen. Doch dann kehrten ihre Gedanken zurück. „Der Mensch ist ein lebendiger Organismus, alle Teile stehen miteinander in Beziehung. Jedes Organ ist mit dem anderen verbunden und wird von ihm beeinflusst."

„Und die Seele?"

„Die Seele lebt im Körper und durchfließt ihn wie der Saft den Baum. Der Mensch ist keine mechanische Ansammlung von Einzelteilen, die getrennt voneinander behandelt oder ausgetauscht werden können."

„Woher hast du diese Sachkenntnis?", wollte der Gast wissen. Hildegard erklärte geduldig und wiederholte, dass ihr Denken ganzheitlich war, dass aus der Schöpfung Gottes alle Lebewesen wie Mensch und Tier, aber auch Pflanzen und Steine hervorgegangen waren. Auch ihre Gesundheitslehre gründete in ihrem ganzheitlichen Denken. Sie hatte ja ihre Heilkunde in drei Kapitel eingeteilt, die das Universum zum Thema hatten: die Schöpfung der Welt, das Bausystem des Kosmos und die Elemente der Welt.

„Wie ich höre, kommen viele kranke Menschen zu dir. Du heilst sie. Aber du bist keine Ärztin." Hildegard spürte gleich, dass dies eine Fangfrage war. Aber sie gab sich unbefangen.

„Ich spüre, was den Menschen guttut. In der Regel sind die Erkrankungen des Leibes ja die Folge der Erkrankung der Seele. Dieser Zusammenhang hilft mir, die richtigen Arzneien zu wählen, um dem Übel abzuhelfen. Hinzu kommt, dass der Orden der Benediktiner sich schon immer für medizinische Fragen interessiert und Wege der Heilbehandlung entdeckt und angewendet hat. Ich habe sehr sorgsam aufgepasst, wie meine Mitbrüder vorgehen,

auch wenn die medizinische Versorgung in Frauenklöstern nicht immer dem Stand der männlichen Konvente entspricht."
„Aber du verwendest nicht die Fachwörter, die in der Medizin üblich sind."
„Nein. Und ich übernehme auch keine antiken oder mittelalterlichen Rezepturen. Doch ich kenne viele Heilpflanzen, und ich habe ein Gespür dafür, wie ihre Anwendung als Sud für Umschläge, als Getränk oder in Tropfen verabreicht vielen kranken Menschen hilft. Bedenke: Nicht ich heile, sondern Gott heilt."
„Wir sind hier in der Nähe zweier Flüsse. Sie sind reich an Fischarten. Was hältst du zum Beispiel vom Aal?", wollte der Philosoph wissen und blickte Hildegard gespannt an.
„Der Aal stammt von der warmen Luft, und sein Fleisch ist etwas unrein. Es ist für den Menschen nicht gesund zu essen, wie das der Schweine. Aber doch schadet es dem Gesunden nicht sehr. Die Kranken aber schüttelt es in allen schlechten Säften und in ihren Krankheiten, und die es essen, macht es bitter im Geist und schlau und misstrauisch."
Hildegard hatte eine lange Abhandlung über den Fisch im Allgemeinen, seine Lebensweise auf dem Grund oder unter der Oberfläche der Seen und Flüsse im Besonderen geschrieben und kannte fast dreißig Arten, die allein im Mittelrhein und in seinen Nebenflüssen Mosel, Main, Nahe und Glan zu Hause waren. Sie kannte ihre „Feinheiten" und hatte sie im Wort festgehalten. Das Gespräch darüber nahm einige Zeit in Anspruch.
„Ich sehe zahlreiche Apfelbäume im Klostergarten", bemerkte der Gast schließlich mit einem Blick aus dem Fenster. „Was hältst du von seiner Frucht?"
„Der Apfelbaum ist warm und feucht, und zwar von solcher Feuchtigkeit, dass er sogar zerflösse, würde er nicht

durch die Wärme zusammengehalten. Aber die Frucht jenes Baumes ist zart und leicht verdaulich, und roh genossen schadet sie gesunden Menschen nicht. Denn wenn der Tau in seiner Kraft steht, das heißt, weil seine Kraft vom Beginn der Nacht bis fast zum Tagesanbruch zunimmt, dann wachsen die Äpfel durch den Tau, das heißt, sie werden reif. Und daher sind für gesunde Menschen die rohen Äpfel gut zu essen, weil sie aus starkem Tau gekocht sind. Den Kranken aber schaden die rohen Äpfel eher, weil sie schwächlich sind. Aber die gekochten und gebratenen Äpfel sind sowohl für die Kranken als auch für die Gesunden gut. Aber wenn sie alt und runzelig werden, wie es im Winter geschieht, dann sind sie roh für Kranke und Gesunde gut zu essen."

Der Philosoph fragte, Hildegard antwortete geduldig. Sie nahm sich viel Zeit. Die Terz war darüber verstrichen, die Äbtissin hatte sich erstmals dispensiert. Das Gespräch wurde immer freundlicher, ja, mit einer gewissen Begeisterung hörte der Fremde auf das, was Hildegard über ihre Heilkunde preisgab. Plötzlich wurde die Unterredung unterbrochen. Schwester Euphemia stand in der Tür. „Verzeih, würdige Mutter, an der Klosterpforte steht die Magd vom Benediktushof. Sie ist von einem Insekt gestochen worden. Der Arm ist angeschwollen, und sie weiß nicht, wie sie ihn behandeln soll."

Hildegard öffnete eine Vitrine im Nebenraum und entnahm ihr einen Stein. Ihre Steinsammlung war beträchtlich.

„Sie soll diesen violetten Amethyst alle halbe Stunde befeuchten und ihn über die Schwellung reiben", empfahl die Äbtissin. „Sollte das bis morgen nicht geholfen haben, so möge sie noch einmal heraufkommen. Aber ich bin sicher, dass der Stein seine Wirkung tut."

Der Philosoph zollte der Rezeptur Anerkennung. „Ich bin erstaunt über die Sicherheit, mit der du deine Ratschläge

gibst." Das Staunen stand in seinem Gesicht. Hildegard lächelte nur.
„Eine Auskunft noch, werte Äbtissin. Das Grundstück meines Hauses begrenzt zum Fluss hin eine Hecke. Eine Schlehenhecke. Die Schlehe – was ist mit ihr? Könnt Ihr mir über sie etwas sagen? Ich liebe ihre Bläue und ihre angeraute Haut."
Hildegard musste nicht überlegen. Sie hatte unendlich viele Rezepte im Gedächtnis griffbereit. „Der Schlehdorn ist mehr warm als kalt und ist auch trocken", erläuterte sie, „und er gleicht der Überheblichkeit. Und die Frucht, nämlich die Schlehen, süße mit Honig und iss sie oft so, und die Gicht in dir wird weichen. Aber wer im Magen schwach ist, der brate Schlehen in der Feuerflamme, das heißt, er brutzle sie, oder er koche sie in Wasser und esse sie oft, und dies führt den Unrat und den Schleim vom Magen ab. Und wenn er die Kerne isst, wird es ihm nicht schaden."
Der Tag war fortgeschritten. Nun war es wirklich Zeit, sich zu verabschieden. Beim Aufbruch sagte der Philosoph: „Ich könnte zu einer deiner Verehrerinnen werden, wenn ich mich in meiner Universität vielleicht sonst nicht der Lächerlichkeit preisgeben würde. Meine Kollegen würden mich nicht verstehen. Für sie zählt nur, was man sehen und beweisen kann."
„Dann werde zum Förderer unseres Klosters", lächelte Hildegard verschmitzt. „Wir brauchen immer Unterstützung jedweder Art. Die Früchte des Feldes wachsen uns nicht ohne Arbeit in den Mund, und an den Gebäuden unserer Abtei gibt es immer etwas auszubessern oder zu verändern."
Das versprach der Gast. Er schied im sicheren Gefühl, hier einen Ort gefunden zu haben, an dem er eine ebenbürtige Gesprächspartnerin gefunden hatte, deren Wissen von

Gott war. Es war nicht sein letzter Besuch auf dem Rupertsberg. Bald schon übertrug er, der aus reichem Hause stammte, dem Kloster einige Ländereien und stattete es mit einer ansehnlichen Geldsumme aus. Hildegard notierte später: „Mein Herz war darüber ungemein erfreut, weil Gott uns nicht vergessen hatte. Mit scharfem, aber zugleich weisem Forschungsdrang erkundigte er sich nach dem Inhalt und Ursprung der Visionsschriften, bis er durch göttliche Eingebung vollends daran glaubte. Und er, der uns vorher mit boshaften Worten verspottet hatte, wandte sich uns nun mit vielen Segenswünschen zu."
Der Philosoph kam noch des Öfteren auf den Rupertsberg, nicht mehr heimlich und unauffällig, sondern als ganz normaler Gast. Am Ende seines Lebens äußerte er den Wunsch, im Bereich des Klosters bestattet zu werden. Dieser Wunsch wurde ihm gern erfüllt.
Der Besuch des Philosophen und die Gespräche mit ihm hatten in der Äbtissin den Glauben an ihren Auftrag und ihre Sendung bestätigt. Denn wie oft geriet sie in Zweifel, ob das, was ihr gezeigt wurde und was sie aufschrieb, wirklich von Gott kam. Nicht alle Mitschwestern konnten dem Beispiel und den Anweisungen ihrer Oberin folgen. Einige, die ja aus adeligem Hause stammten, waren „durch verschiedene Eitelkeiten wie in ein Netz verstrickt" und baten um ihren Abschied, den ihnen Hildegard schweren Herzens gewährte. Die Zucht der Regel und die klösterliche Disziplin konnten sie, wie sie sagten, nicht ertragen. Neue Schwestern traten in das Kloster ein und waren für die Äbtissin vom Rupertsberg eine Bestätigung ihres Weges.

Wie war es möglich, dass die kleine Nase die gewaltige Duftwelt der Natur erfasste, wenn die Natur sich preisgab? Eigentlich müsste das zum Riechen bestimmte

Organ gemessen an seiner unbeschreiblichen Aufnahmefähigkeit ein großer Trichter sein, durch den die Düfte eingesogen wurden und ihre vielschichtige Kraft entfalteten. Nein, die Nase war klein und sie leistete Unwahrscheinliches, sie saugte mit jedem Atemholen die Vielfalt der schöpferischen Größe Gottes ein. Mit seinen Augen aber las der Mensch im Buch der Natur, er sah die Dinge, wie sie waren, wie sie wuchsen, gediehen und welkten, aber vor dem Untergang ihre ganze Schönheit und die Vielfalt ihrer Gerüche und Früchte preisgaben. „Denn der Mensch sieht mit seinen Augen, was er in seiner Weisheit erkennt, und er fasst dieses durch sein Hören, Riechen und Schmecken.“ Ja, der Mensch schmeckte mit seinem Mund die Welt so, wie sie war, und er spürte, was ihm zustand und guttat. Alles Wachsen jedoch kam aus der Erde. Auch der Mensch. Aus Erde hatte Gott ihn geformt, und zur Erde kehrte er zurück. Das ist der Kreislauf des Lebens. Doch im Gegensatz zur Natur, die sich aus dem Untergang und dem Tod im nächsten Jahr in neuen Formen erhob, blieb die Seele des Menschen von den Schmerzen des irdischen Dunkels unberührt.

Wurde der biologische Erdenrhythmus gestört, wurde die gesunde Lebensweise im Gleichklang mit der Natur unterbrochen, so wurde der Mensch krank. Die Harmonie von Leib und Seele durfte nicht aus der Ordnung geraten, sondern es musste alles so geschehen, wie es seit Ewigkeiten die Norm war. Der Herbst kam ja nicht vor dem Sommer und der Sommer nicht vor dem Frühling. Die Farbe dieser Lebensordnung war wie die des Monat Mai: grün. Grün war Lebenskraft, die über den Herbst hinausreichte und den Winter in seiner Starre überdauerte. Hildegards zentrale Botschaft für eine gesunde Lebensweise im Rhythmus mit der Natur war „die gesunde Mitte“, „das rechte Maß“, ohne Exzesse.

Die Äbtissin war die erste, die noch an der Schwelle der Nacht vor dem beginnenden Morgen in ihrer Zelle die Kerze anzündete, und sie war die letzte, die sie weit nach Mitternacht löschte. Waren ihr drei, vier Stunden Schlaf genug? Das Leben war kurz, zeitlich begrenzt. Es reicht für das, was man wissen und entdecken wollte, nicht aus. Ora et labora, bete und arbeite. Das war der Lebensrhythmus, den die Zisterzienser noch durch das Wort „lege" ergänzt hatten: Und lese! In ihren Konferenzen mit den Schwestern, aber auch in ihren Schriften betonte Hildegard immer wieder und wiederholte es bei allen Gelegenheiten, dass der Mensch aus denselben Elementen bestand wie die übrige Welt und mit ihr dadurch eng verknüpft war.

Die Visionärin sah auch die Gefahr für die Schöpfung, die vom Menschen ausging. Der Mensch hatte eine Verantwortung für seine Umwelt. Doch dieses Natur- und Weltverständnis schien die meisten ihrer Zeitgenossen zu befremden. „Die Erde", erkannte Hildegard, „ist im Sommer weiter unten kalt, weil dann die Sonne durch die Kraft ihrer Strahlen wachsen lässt. Im Winter dagegen ist sie weiter unten warm, denn andernfalls würde sie infolge der strengen Kälte zerreißen ... Im Winter ist die Sonne über der Erde unfruchtbar und lenkt ihre Wärme unter die Erde, damit diese die verschiedenen Keime bewahren kann, und so bringt sie mit Wärme und Kälte alle Keime hervor." Ja, so war es, die Erde war von Gott so angelegt, dass sie zur rechten Zeit keimte und zur passenden Zeit mit dem Keimen aufhörte. Die Liebe zur Welt und die Sehnsucht nach dem Himmel – beides verspürte Hildegard gleichermaßen.

Manchmal kamen junge Mütter an die Klosterpforte, um der Äbtissin ihre neugeborenen Kinder vorzustellen. Die Pfortenschwester versuchte vergeblich, sie davon zu über-

zeugen, dass die „würdige Mutter“ von früh bis spät mit wichtigen Dingen beschäftigt sei und eigentlich keine Zeit für unangemeldete Besuche habe. Doch die Wöchnerinnen ließen sich nicht abwimmeln. „Die Äbtissin hat uns neun Monate lang mit ihren Gebeten begleitet, jetzt möchten wir ihr auch die Früchte ihrer Gebete zeigen.“ Hildegard rügte die Pfortenschwester, wenn sie erfuhr, dass man ihr den Besuch von Mutter und Kind vorenthalten wollte. Sie verstand zwar, dass dies aus Rücksicht auf ihre Gesundheit geschah, doch sie zitiert dann das Wort Jesu: Lasset die Kinder zu mir kommen und wehret es ihnen nicht.
Kinder – sie waren unverbildet, aufnahmebereit, ihre Seele war rein. Sie blickten erwartungsvoll ins Leben, sie waren vertrauensselig, offen, sie gaben ihr Innerstes preis. Von Gefahren, die Leib und Seele bedrohten, ahnten sie nichts. Die Äbtissin liebte die Kinder, sie standen noch im Bann ihres Engels, der Gott schaute. Kinder sahen mehr als Erwachsene. Sie selbst hatte als Kind ja schon Dinge wahrgenommen, die ungewöhnlich, übernatürlich und fremd waren. Der heranwachsende Mensch schien diese Fähigkeit mit der Zeit zu verlieren; sie verblasste wie der Abendstern am Morgenhimmel. Nur bei ihr blieb das Sehen als großes Geheimnis Gottes.
Manchmal wurde die Äbtissin aus ihren Träumen gerissen. Die Betrachtungen gingen über in Visionen, die die gewonnenen Erkenntnisse in Bildern bestätigten oder ergänzten. Geheimnisvoll waren diese Visionen, die die Äbtissin empfing. Oftmals brauchte sie einige Zeit, sie zu verstehen, und manchmal erschloss sich ihre Bedeutung erst nach intensivem Gebet. Sie vertraute das Gehörte und Gesehene, die Rätsel und Offenbarungen ihrem Wachstäfelchen und später dem Sekretär zur Abschrift an. Die Bögen der Reinschrift wuchsen zu mächtigen Stapeln an. Die Buchbinder hatten eine Menge Arbeit. Hildegard wur-

de nicht müde, zu betonen, dass sie nicht aus sich selbst schriebe, sondern eine „Posaune Gottes“ sei.

Doch war der benediktinische Weg, den Hildegard in der Klause auf dem Disibodenberg, bei den dortigen Mönchen im Kloster, später auf dem Rupertsberg kennen- und liebengelernt hatte, der einzig richtige für Ordensleute auf dem Weg zum Heil? Viele Klöster, von adeligen Herrschaften gegründet, waren inzwischen nicht nur zu rühmlichem Ansehen, sondern auch zu erheblichem Wohlstand gekommen. Schenkungen, Übertragungen von Eigentum und Grundbesitz hatten zu einer Prachtentfaltung geführt, die sich vom einfachen, oftmals ärmlichen und kärglichen Leben der Bevölkerung auffällig abhob. Die Cluniazenser, ein Reformorden der Benediktiner, schwelgten fast in liturgischen Festbräuchen mit Weihrauch, Kerzen und Gesang. An gewöhnlichen Tagen dauerte der Gottesdienst allein schon sieben Stunden, von den Feiertagen ganz zu schweigen. Wie vertrug sich die Entfaltung dieser Bräuche mit der evangelischen Armut, mit dem schlichten Wechsel von Gebet und Arbeit, wie es die Regel St. Benedikts vorschrieb? Bruno von Köln hatte, dem Armutsideal nacheifernd, den Kartäuserorden gegründet, Norbert von Xanten aus ähnlichen Gründen den Prämonstratenserorden für die Kanoniker.
Der Meisterin des Marienklosters in Andernach, Texwindis, ließ diese Diskrepanz keine Ruhe. Schon während der Neuentstehungszeit des Klosters auf dem Rupertsberg wandte sie sich in mehreren Briefen an Hildegard.
„Auch von einem sonst nicht üblen Brauch bei Euch drang etwas an unser Ohr: Dass nämlich Eure Nonnen an Festtagen beim Psalmengesang mit herabwallendem Haar im Chore stehen und als Schmuck leuchtend weiße Seidenschleier tragen, deren Saum den Boden berührt“, rüg-

te Texwindis. „Auf dem Haupt haben sie golddurchwirkte Kränze ... Auch sollen die Finger der Schwestern mit goldenen Ringen geschmückt sein. Dies alles, obgleich der erste Völkerapostel Paulus solches verbietet, da er mahnt und sagt: ‚Die Frauen sollen sich sittsam halten, nicht mit Haargeflecht und Gold und Perlen oder mit kostbarem Gewand sich schmücken ...“ Auch merkte Texwindis kritisch an, dass nur Angehörige des Adels in der Abtei Aufnahme fänden. „Nichtadeligen und weniger Bemittelten hingegen verweigert Ihr fast durchweg die Aufnahme in Eure Gemeinschaft. Auch darüber sind wir geradezu erstarrt und ratlos in der Unsicherheit starken Zweifels, da wir im Geiste schweigend überdenken, dass der Herr selbst für die entstehende Kirche unansehnliche und arme Fischer erwählt und der heilige Petrus den damals zum Glauben bekehrten Völkern gesagt hat: ‚In Wahrheit habe ich erfahren, dass bei Gott kein Ansehen der Person gilt.‘“ Texwindis führte noch weitere Zitate, auch aus der Benediktus-Regel, an, um ihren Standpunkt zu untermauern. Und sie meinte: „Wir winzig Kleinen, die wir in der Euch schuldigen Liebe uns von Herzen über Eure Fortschritte mitfreuen, möchten in Bezug auf diese Sache Genaueres von Euch erfahren.“ Wir winzig Kleinen ... War das Respekt vor dem überall spürbaren Ansehen der Äbtissin vom Rupertsberg oder Ironie?

Die Nonnen waren erzürnt, als Hildegard mit ihnen bei der Zusammenkunft im Kapitelsaal Texwindis Schreiben vorlas und die Mitschwestern um eine Stellungnahme bat. Denn obgleich sie in ihrer Schauung die Offenbarung Gottes erfuhr, wollte sie die Meinung des Konvents erfahren, bezog sich die Anfrage doch auch auf dessen Kleidung und Verhalten bei Festgottesdiensten im Gotteshaus.

„Das Kloster ist für adelige Damen gegründet worden. Wir stehen in seiner Tradition. Wir müssen uns dieser Tradition nicht schämen", meldete sich Schwester Adelgunde zu Wort. Sie hatte gerade ihre erste Profess abgelegt, und ihre Meinung war Hildegard wichtig. Zustimmung von allen Seiten bestärkte die Aussage der jungen Nonne.

Hildegards Antwort an Texwindis ließ nicht lange auf sich warten. „Der Lebendige Quell spricht", so begann sie ihren Brief. „Gott hat dem Volk auf Erden Unterschiede gesetzt, wie Er auch im Himmel Engel, Erzengel, Throne, Herrschaften, Cherubim und Seraphim gesondert hat. Sie alle werden von Gott geliebt und haben doch nicht den gleichen Namen." Und sie erläuterte, dass die irdische Hierarchie ein Abbild der himmlischen sei und die unterschiedlichen Gesellschaftsränge angeordnet seien wie die Ränge der Engelchöre. Gott „hat Acht, dass sich der geringe Stand nicht über den höheren erhebe, wie Satan und der erste Mensch getan, da sie höher fliegen wollten, als sie gestellt waren." Es war die Ursünde des gefallenen Engels Luzifer und des ersten Menschen Adam, dass sie den ihnen von Gott zugewiesenen Stand durch Hochmut durchbrachen. Durch ihre Taten hielt die Sünde Einzug in die Welt, und die Sünde bedrohte seither die göttliche Ordnung. Auch die klösterliche Ordnung war gefährdet, wenn die bisher geübte Tradition nicht gewahrt wurde. „Welcher Mensch", so fuhr die Briefschreiberin fort, „sammelt seine ganze Herde in einem einzigen Stall, Ochsen, Esel, Schafe, Böcke, ohne dass sie auseinanderlaufen? Darum soll man auch hier den Unterschied wahren, damit nicht die, die aus verschiedenen Volksschichten kommen, wenn sie zu einer Herde zusammengeschlossen würden, in stolzer Überheblichkeit, beschämt über die Standesunterschiede, auseinandergesprengt werden. Vor allem aber damit, wenn sie sich in gegenseitigem Hass zerfleischen – indem der höhere Stand über den geringeren herfällt und der niedere sich über den höheren stellt –, die Standesehre nicht verletzt werde."

Sozialen Unfrieden hatte Hildegard in der Gründungsphase des Rupertsberges erlebt, als sie den Mitschwestern den Weggang vom Disibodenberg erläutert hatte. „Was nützt es, dass adelige und reiche Nonnen von dem Ort, wo es ihnen an nichts gefehlt hat, wegziehen zu einer Stätte solchen Mangels?“ Nicht alle Nonnen hatten den Plan des Umzugs gutgeheißen, nicht alle waren geblieben. Voller Trauer dachte Hildegard noch an die Äußerungen des Unmuts und des Zorns. Hätten sich die standesbewussten Schwestern auf Dauer mit einer bescheideneren Lebensform zufriedengegeben? Wäre ihnen der Eintritt nichtadeliger Schwestern zumutbar gewesen? Das gespenstige Bild innerklösterlichen Aufruhrs stand vor Hildegards Augen.

Was nun die Bekleidungsvorschriften betraf, so verwies Hildegard auf die übliche Standestracht der Ehefrauen, Witwen und Jungfrauen. Für die gottgeweihten jungen Frauen ließ sie andere Vorschriften gelten: „Für die Jungfrau besteht nicht die Vorschrift, die Schönheit ihres Haares zu bedecken, sondern aus eigenem freien Willen verhüllt sie in tiefer Demut ihr Haupt.“ Der Glanz der klösterlichen Jungfrauen fand Ausdruck in den Prozessionen.

An einem Tag im Frühherbst, die ersten der dreißig Nonnen waren inzwischen nach Eibingen übergesiedelt, meldete sich Schwester Euphemia, die die Kranken im Kloster Rupertsberg betreute, bei der Äbtissin. „Werte Mutter, Schwester Hildegard, die deinen Namen trägt, liegt nun schon seit drei Tagen mit hohem Fieber in der Infirmarie und verlangt nach dir.“

Die Äbtissin unterbrach ihre Schreibarbeit.

„Welche Medizin hast du ihr denn verabreicht?“

„Verschiedene Heilmittel, würdige Mutter, aber bis jetzt hat keines gewirkt.“

„Gut. Ich werde gleich kommen. Geh schon einmal voraus und bereite die Kranke auf meinen Besuch vor.“
Nachdem Schwester Euphemia gegangen war, kniete Äbtissin Hildegard eine Weile auf dem Betschemel vor dem Bild des gekreuzigten Christus. Sie betrachtete zunächst die Wunden des Herrn, dann schloss sie die Augen. Ein Bild stieg in ihr auf, wie Jesus Kranken die Hände auflegte: dem Lahmen, der blutflüssigen Frau, dem Blinden, der ihm nachgeschrien hatte, und deren Glaube ausschlaggebend für ihre Heilung gewesen war. Dann betete Hildegard um die Gnade, dem Herrn nacheifern zu können. Anschließend machte sie sich sogleich auf den Weg zur Krankenstube. Drei Mitschwestern litten derzeit an mancherlei körperlichen Gebrechen. Die kalten Wintermonate hatten bei einer Nonne zu geschwollenen Gliedern geführt, doch inzwischen befand sie sich auf dem Weg der Besserung. Eine andere hatte vor Tagen über Übelkeit geklagt und konnte keine Nahrung zu sich nehmen. Doch heute hatte sie erstmals eine Mehlspeise gegessen. Die Krankheit der dritten Schwester war noch nicht diagnostiziert. Das Fieber war hoch und trotz der Beinwickel und Umschläge um den Kopf nicht zurückgegangen.
„Wie lange bist du nun schon auf dem Rupertsberg?“, begann die Äbtissin ein unverfängliches Gespräch. Sie erfuhr, dass die junge Frau, Tochter eines Grafenehepaars, die Novizenzeit hinter sich gebracht hatte und sich auf die feierliche Einkleidung freute.
„In so jungen Jahren ein so hohes Fieber – das gefällt mir gar nicht.“
Hildegard befühlte die Stirn der Kranken. Sie war wirklich über Gebühr heiß. Die Ohren glühten und die Augen glänzten. Voller Erwartung blickte die junge Schwester auf die Klostervorsteherin.

„Nun, Wunder kann ich nicht wirken“, dämpfte sie die Hoffnung der Kranken, „aber ich kann dich segnen.“ Und während sie ein Gebet und den Segen sprach, murmelte sie die Worte aus dem Markus-Evangelium 16,18: „Kranken werden sie die Hände auflegen, und sie werden gesund werden.“ Schwester Hildegard lehnte den Kopf in die Kissen zurück und blickte die Äbtissin Hildegard dankbar an. Sie unterhielten sich noch eine Weile, dann schieden die Klosterfrauen voneinander. Am Abend meldete Schwester Euphemia, dass das Fieber Hildegard verlassen habe und sie sich völlig gesund fühle.

In einem ähnlichen Fall konnte Hildegard den Mönch Rorich, der in seiner Zelle krank im Bett lag, von hohem Fieber heilen.

Obgleich die Äbtissin von der Fähigkeit, heilsamen Segen zu spenden, öffentlich keinen Gebrauch machte, sprachen sich die Vorfälle bald herum. Eines Tages meldete sich der Kutscher des Klosters. „Haben Ehrwürden die Güte, in die Gesindewohnung zu kommen, oder bist du, gute Mutter, nur zu den Menschen geistlichen Standes entsandt?“ Hildegard war über diese Frage entsetzt. Sie fühlte sich allen Menschen verbunden und machte keinen Unterschied zwischen den Ständen.

„Die Magd Berta“, so berichtete der Kutscher, „die dem Kloster seit Jahren dient, hat eine Geschwulst an Brust und Hals. Sie leidet derart unter Schmerzen, dass sie weder Speise noch Trank zu sich nehmen kann. Nicht einmal ihren Speichel kann sie schlucken.“

Hildegard zögerte keinen Augenblick, die Kranke aufzusuchen. Die Frau war nicht mehr ganz jung und von kräftiger Statur. Jetzt aber war sie so abgemagert, dass ihr die Knochen unter der Haut hervortraten. Mit Gesten machte sich die Frau verständlich, denn sprechen konnte sie schon seit Tagen nicht mehr. Sie gab Hildegard zu verstehen,

dass sie ein Heilmittel von ihr erwartete. Doch die Äbtissin betete, dann bezeichnete sie die erkrankten Stellen mit dem Zeichen des Kreuzes. Kurz darauf war die Magd Berta gesund.
Die Äbtissin Hildegard vom Rupertsberg als Krankenheilerin? Ihr Heilkräuterbuch hatte in der Gelehrtenwelt inzwischen reichlich für Diskussionsstoff gesorgt. Viele Ärzte und Heilkundige begrüßten den Einsatz der beschriebenen Kräuter gegen allerlei Gebrechen. Doch manche waren mit den Methoden unzufrieden, meinten, von einer Frau, die in der ärztlichen Kunst nicht bewandert sei, könne keine Rezeptur zum Erfolg führen. Doch das Gegenteil war der Fall. Die Empfehlungen Hildegards trafen zu, und viele Kranke wurden nach ihrer Methode geheilt. Hildegard sah nicht nur auf körperliche Gebrechen, sie sah den ganzen Menschen. Wenn ein Organ litt, so war das auch Ausdruck seelischen Kummers. Diese ganzheitliche Sicht war bisher kaum bekannt und wurde von nun an mehr beachtet.
Eines Tages erschien ein Mann aus Schwaben, aus dem Ort Dalevingun – Thalfingen – an der Klosterpforte. Sein Leiden hatte ihn über große Entfernungen bis zum Rupertsberg geführt. „Ich habe von deiner Heilkunst vernommen“, sagte er zur Äbtissin, „und ich habe Vertrauen zu dir. Sieh, ich bin am ganzen Körper angeschwollen und weiß mich kaum zu rühren.“
„Bist du den ganzen Weg hierher zu Fuß gegangen?“
„Ja. Kein Fuhrmann wollte mich mitnehmen, weil ich so entstellt aussehe. Und ein eigenes Fahrzeug besitze ich nicht.“
Die Äbtissin hatte Mitleid mit dem armen Mann. Sie ließ ihn ins Gästehaus des Klosters bringen und schaute mehrere Tage nach ihm. Und mit jedem Besuch, bei dem sie ihm Medizin verabreichte, ihn aber auch segnete, wurde

der Mann allmählich von seinem Übel befreit. Nach einer Woche konnte er die Krankenstube geheilt und dankbar verlassen. Mit den Worten; „Durch Gottes Gnade bist du gesund geworden", verabschiedete Hildegard den Gast aus dem fernen Süden.

Zweimal die Woche fuhr Hildegard über den Rhein nach Eibingen. Das Kloster mit den vorwiegend nichtadeligen Schwestern war ihr ans Herz gewachsen. Aber noch gab es viel zu tun, bis die würdige Stätte der Gottesverehrung vollkommen war. Auf einer dieser Fahrten befand sich eine Frau mit einem blinden Kind auf dem Arm an Bord. Sie warf sich der Äbtissin zu Füßen.
„Bitte, Mutter, mein Kind hat noch nie das Licht des Tages erblickt. Lege ihm die Hände auf. Vielleicht, dass Gott ein Einsehen hat und es durch deine Fürsprache sehend wird."
„Du hast großes Zutrauen zu mir", antwortete Hildegard. „Doch noch größer soll deine Hoffnung sein, die du auf Gott, den Herrn richtest." Sie gedachte der Worte Jesu: Geh an den Teich Siloa und wasche dich, wie es im Evangelium des Johannes 9,11 hieß. Mit der linken Hand schöpfte Hildegard Wasser aus dem Rhein und benetzte die Augen des Jungen, mit der rechten segnete sie ihn. Das Kind schüttelte sich. Rheinwasser war ihm in die Augen gedrungen. Einige Tropfen liefen über seine Wangen – wie Tränen. Doch dann rieb es sich die Augen und schlug sie auf. Das Sonnenlicht blendete. Die Mutter starrte in das Gesicht ihres Kindes. Die Pupillen waren klein, der Junge wurde unruhig, zappelte, wollte mit seinen kleinen Füßen auf den Boden. Stand. Stand und blickte in die Runde. Die Menschen traten ehrfürchtig zurück. Die Mutter aber jubelte, jubelte, dass es bis ans jenseitige Ufer drang: „Er sieht! Er sieht! Gott und seiner heiligen Jung-

frau Hildegard sei Ehre und Dank!“ Die Äbtissin zog sich leise in den Hintergrund zurück.

Mit Abt Gedolph von Brauweiler tauschte Hildegard über einen längeren Zeitraum Briefe. Es ging um eine adelige Dame, die sich von einem bösen Geist besessen fühlte und hoffte, von dem gefährlichen Feind befreit zu werden. Zunächst hatte sie sich vertrauensvoll an den Abt gewandt, dort aber keine Hilfe erfahren. „Wir alle haben“, so schrieb er in dem Brief an Hildegard, „zusammen mit dem Volk, um die Befreiung dieser Frau schon drei Monate lang auf vielfache Weise uns abgemüht und haben – dies sagen wir nicht ohne Schmerz – infolge unserer Sünden nichts erreicht. Daher haben wir all unsere Hoffnung nächst Gott auf Euch gesetzt.“

Der Dämon, unter dem die adelige Frau litt, hatte schließlich widerstrebend zu erkennen gegeben, dass er nur kraft der Schau Hildegards und der Größe der göttlichen Offenbarung befreit werden könne. „Beabsichtigt Gott mit ihrer Befreiung wohl etwas Großes?“, fragte der Abt weiter und kam zu dem Schluss: „Ganz gewiss! Daher wird die überreiche Güte unseres Erlösers die Last unserer Mühsal und Trauer, aber auch unsere Freude und unseren Jubel durch Euch in höchstem Maße gnädig vollenden, um jeglichen Irrtum und Unglauben der Menschen zunichte zu machen und die besessene Dienerin Gottes zu befreien …“

Als Hildegard diesen Brief erhielt, wurde sie tief besorgt und beunruhigt. Mitleidsvoll bat sie die Mitschwestern um ihre Gebete für die Frau. Sie selbst aber erfuhr in der geheimnisvollen Schauung, wie der Besessenen zu helfen sei – nämlich durch ein ausführliches Zeremoniell unter Fasten, Kasteiungen, Gebete, Almosen und schließlich durch den Befehl Gottes, den Körper zu verlassen. Hildegard war keine Fanatikerin strenger Bußpraktiken. Sie trat für

Maßhalten und nicht für die Maßlosigkeit ein. Gott wies ihr den „heilsamen Weg“.

Hildegards Heilkunde befasste sich mit den Krankheiten des Menschen. Auch ihre Gesundheitslehre war aus dem ganzheitlichen Denken hervorgegangen. Sie leitete die Heilkunde mit drei Kapiteln, die das Universum betrachteten, ein: die Schöpfung der Welt, das Bauwerk des Kosmos und die Elemente der Welt. Aus der Begegnung mit kranken Menschen hatte sich Hildegard eine große Sachkenntnis angeeignet. Viele Menschen von nah und fern suchten ihren Rat und nahmen ihre Ratschläge in Anspruch. Sie selbst hatte verschiedene Krankheiten ertragen müssen und musste sie weiter erdulden, wenn sie den göttlichen Schauungen nicht sogleich Folge leistete. Aus eigener Erfahrung wusste die Äbtissin um das Befinden kranker Menschen, sie kannte ihre Hilfsbedürftigkeit und suchte nach Möglichkeiten der Heilung.
Als Benediktinerin war Hildegard nicht ganz unerfahren in der Heilkunde. Das Interesse an medizinischen Fragen war im Orden grundgelegt. Die Sorge der Benediktinerklöster für Pilger, Mitbrüder und Laien hatte Tradition. Denn sie nahmen Gäste auf, als sei es Christus selbst, der um Einlass bat. So wollte es die Regel des Ordensgründers. In den Frauenklöstern war die medizinische Versorgung noch unausgereift. Hildegard machte sich kundig, doch verwendete sie keine üblichen Fachbegriffe und -wörter. „Ich bin keine Ärztin“, wehrte sie ab, wenn man sie als solche bezeichnete. „Ich vertrete keine wissenschaftliche Medizin, auch meine anatomischen Kenntnisse sind dürftig.“ Wer wusste damals schon um die chemische Zusammensetzung der Arzneien?

„Wir müssen auf unsere Seele hören, wenn wir gesund werden wollen“, sagt Hildegard. Solange der Mensch sich nicht selbst in den Augen und im Herzen seiner Mitmenschen begegnet, ist er auf der Flucht. Solange er sich fürchtet, durchschaut zu werden, kann er weder sich selbst noch andere erkennen – er wird allein sein.“

In Schwaben gab es einen Ort namens Rüdesheim. Dort wirkte ein Priester, dem ein junger Schüler zur Hand ging. Er begleitete ihn auf seinen Gängen und assistierte ihm beim Gottesdienst. Eines Abends gingen beide in die Kirche hinüber, um eine Andacht vorzubereiten und die Kerzen anzuzünden. Da bemerkten sie, dass zwei der Kerzen bereits brannten.
„Hast du die Kerzen heute Morgen nicht gelöscht?“, fragte der Priester verwundert.
„Ich weiß ganz genau, dass ich die Kerzen ausgeblasen habe“, entgegnete der Schüler, nicht minder überrascht. Als der Priester zum Altar kam, fand er das Altartuch so ausgebreitet wie bei den heiligen Messen, wenn die göttlichen Geheimnisse gefeiert wurden. In diesem Augenblick fiel der junge Mann mit einem Aufschrei zu Boden. Im Fallen rief er noch: „Das Schwert des Herrn tötet uns!“
„Was für ein Schwert? Was redest du? Ich sehe keins.“
Der Priester war bestürzt. Er wollte dem Schüler auf die Beine helfen, doch es gelang nicht. Aber er war unverletzt.
„Wenn wir die Buchstaben auf dem Altar gesehen haben, werden wir nicht sterben“, flüsterte der Schüler. Er war bleich wie eine Wand aus Kalk. Der Priester eilte zum Altar zurück. Da entdeckte er mit einem Male fünf Buchstaben, die in Kreuzesform auf der Altardecke angeordnet waren. A, P, H in der Quere, K und D in der Höhe. Staunen und Schrecken hielten sich die Waage. Als der Priester das

Tuch vorsichtig zusammenfaltete und die Kerzen löschte, erlangte der junge Mann seine Kräfte zurück und stand auf. Sieben Tage blieben die Buchstaben auf dem Tuch, am achten waren sie verschwunden.
Der Geistliche holte sich Rat, ob ihm jemand die Zeichen deuten könne. Doch niemand vermochte es, weder seine Mitbrüder im geistlichen Amt noch gelehrte Männer aus der Stadt. Als sich nach Jahren der Ruf Hildegards bis in die entfernten Winkel des Reiches ausgebreitet hatte, beschloss der Priester, die Äbtissin aufzusuchen. Er nahm die weite Reise auf sich, denn das Rätsel um die Buchstaben ließ ihm und den Menschen, die davon inzwischen wussten, keine Ruhe.
Die Äbtissin hörte dem Priester sehr genau zu. „Erinnerst du dich an den König Nebukadnezar, der Schriftzeichen an der Wand entdeckte, sie aber nicht deuten konnte?"
„Er musste die Hilfe des Propheten Daniel in Anspruch nehmen, um sie lesen zu können", nickte der Besucher.
„Genau. Und nun höre: Das K steht für Kyrium, das P für Presbyter, das D für Derisit, ferner das A für Ascendat, das P für Paenitens und das H für Homo."
„Mein Gott, was bedeutet das?"
Hildegard sah den Priester mit erstem Blick an. „Die Buchstaben stehen für die Botschaft: Den Herrn hat der Priester verspottet, er stehe wieder auf als reuiger Mensch."
Die Äbtissin sah den Geistlichen erbleichen. „Ja", sagte er heiser, „ich habe gesündigt, weil ich an dem, was auf dem Altar geschieht, gezweifelt habe."
Die Äbtissin vom Rupertsberg gab ihm einige Trostworte mit auf den Heimweg. Der Priester trat bald darauf von seinem Amt zurück und in einen Mönchsorden ein. Er führte fortan ein strenges, entsagungsreiches Leben.

Boten galoppierten zum Rupertsberg hinauf und bald wieder hinunter. Sie brachten mit Briefen gefüllte Taschen und nahmen Briefe wieder mit hinaus in die Welt. Hildegard achtete darauf, dass keiner der Boten ungestärkt zurückreiten musste. „Eine Mahlzeit ist das Wenigste, das wir ihnen anbieten müssen", wies sie die Küchenschwester an. „Und wenn sie mehrere Tage unterwegs waren, haben sie zusätzlich Anspruch auf ein Nachtlager."
„Das kann auf Dauer nicht gut gehen." Schwester Walburga schüttelte den Kopf beim Anblick der vielen Briefbögen auf dem Schreibtisch der Äbtissin, die sich zu kleinen Bergen häuften. „Du bist seit Monaten krank und arbeitest trotz aller Beschwerden. Du brauchst unbedingt eine längere Ruhepause."
Hildegard wies den Rat zurück. Hätte sie nur auf die Mitschwester gehört! Eine plötzliche Verschlechterung des Gesundheitszustandes wäre ihr erspart geblieben. Vierzig Tage und Nächte wurde sie von ihr erschüttert. Hildegard beschrieb sie so: Die Adern mit dem Blut, die Knochen mit dem Mark erschlafften, die Eingeweide verzogen sich und der ganze Körper ermattete so, wie das Gras im Winter sein frisches Grün verlor. Ausgerechnet in diesen Tagen der Krankheit wurde ihr in einer geistigen Schau kundgetan, sie solle einige Frauen- und Männerklöster aufsuchen und ihnen mitteilen, was Gott ihr offenbarte.
Die Nonnen waren entsetzt, als Hildegard ihnen den Plan für ihre vierte Reise offenbarte. Man schrieb das Jahr des Herrn 1170.
„Ich werde angehalten, diesmal nach dem Süden Deutschlands zu reiten", erklärte sie im Kapitelsaal bei der regelmäßigen Zusammenkunft.
„Den Ritt wirst du nicht schadlos überstehen", war die einhellige Meinung des Konvents. Schwester Constanze tupfte sich ein paar Tränen aus dem Gesicht. „Du bist doch

noch mit der Niederschrift deines großen theologischen Buches über die Heilung einer Besessenen beschäftigt. Wie willst du das Arbeitspensum durchhalten?"
Doch wenn sich das „Lebendige Licht" im Leben Hildegards bemerkbar machte, wenn sie den Anruf Gottes hörte, durfte sie nicht zögern. Wie oft hatte sie erfahren, dass ihre Körperkräfte erlahmten, dass Fieberwellen über sie kamen, wenn sie den jeweiligen Auftrag hinausschob! Inzwischen war Hildegard über siebzig Jahre alt. Einige Schwestern mussten sie in den Sattel heben, denn allein hatte sie nicht die Kraft dazu. Dann brach sie zu ihrer Visitationsreise auf. Die Heerstraße führte über Worms und Speyer, dann wandte sich die Reiterin Richtung Südosten nach Schwaben. Erste Station war das Zisterzienserkloster Maulbronn, mit dessen Abt sie seit geraumer Zeit in Verbindung stand. Die Abtei war noch im Aufbau begriffen und der Bischof von Speyer förderte die geistliche Stätte. Mit dem Klostervorsteher und seinen Mönchen führte sie ein langes, fruchtbares Gespräch.
Schwieriger gestaltete sich ihr Aufenthalt im Kloster Hirsau im Nagoldtal. Diese Abtei bestand schon seit 830, hatte Höhen und Tiefen erlebt und durchlitt nach der Blüte unter drei bedeutenden Äbten nun eine Krise. Bis vor wenigen Jahren hatte dort Abt Mangold gewirkt, ein ehrlicher und lauterer Mann. Doch besaß er wenig Durchhaltekraft, und der geistliche Verfall war spürbar.
„Du darfst nicht zulassen, dass die Mönche wie Mäuse über Tische und Bänke tanzen", hatte die Äbtissin den Abt gemahnt. „Aufsässigkeit und Zuchtlosigkeit sind zwei schwere Vergehen."
Abt Mangold hatte sich schon früher an Hildegard gewandt und um Hilfe gebeten. Er habe als von Gott eingesetzter Hirte seiner Herde die Gebote Gottes zu verkünden, hatte sie ihm brieflich geantwortet. Erst wenn die

Herde die Gefolgschaft grundsätzlich ablehne, müsse man sie verlassen. Und sie hatte Abt Mangold geschrieben: „O Vater und mildester Bruder, ich sehe in dir etwas wie eine untaugliche Neigung zum Erschlaffen und Vergessen. Auch sehe ich in deiner Seele und in deiner Herde das Feuer nicht stark brennen. Und so nimmst du eine Geisteshaltung an, als ob du schliefest. Das darf nicht sein."
Mehrere Briefe waren hin- und hergegangen, Briefe, in denen Hildegard dem verzagten Abt Mut zusprach.
Hildegard machte sich ein Bild von den Zuständen in der Abtei. Abt Mangold war fünf Jahre zuvor gestorben. Nun stand Abt Rupert an der Spitze des Konvents. Er empfing den Gast mit der nötigen Ehrfurcht und Höflichkeit. Aber die Äbtissin spürte sogleich, dass er ein müder und wankelmütiger Mann war.
„Alle Energie und Gottesfreude scheint aus deinem Herzen gewichen zu sein", stellte Hildegard fest. „Halten sich deine Mönche denn wenigstens an die Gebetszeiten?"
„Die Stundengebete, die unser Vater Benedikt vorschreibt, sind vernachlässigt worden und werden nicht regelmäßig eingehalten. Oft sitze ich mit vier, fünf Mönchen allein im Chorgestühl. Jedoch unser Gesang ist so schwach, dass er nicht einmal die Gewölbe des Gotteshauses erreicht, geschweige Gottes Ohr."
„Oh, Gott hat ein gutes Gehör", lächelte Hildegard, „und er hört die schwächste Stimme, wenn sie nur mit Überzeugung und Herzblut gesungen wird." Aber dann wurde sie ernst. „Deinem Kloster fehlt die Zucht, Abt Rupert. Hier scheint jeder zu machen, was er will."
„Ich wäre gern ein einfacher Mönch geblieben, doch die Brüder haben mich gewählt. Ich konnte das Amt, das mir nicht liegt, nicht ablehnen."
„Oh ja, lieber Rupert. Die Mönche haben dich gewählt, weil sie wussten, dass du ein schwacher Mensch bist. Dir

konnten sie die Gefolgschaft verweigern, wohl wissend, dass du sie nicht durch ein mächtiges Wort in die Schranken verweisen würdest."
„Geh nicht zu hart mit mir ins Gericht, denn ich leide sehr unter diesen Zuständen."
Abt Rupert saß vor Hildegard wie in einem Verhör. Er hatte die Augen niedergeschlagen und wendete seine geröteten Hände im Schoß. Doch den Eindruck der Anklage wollte die Äbtissin vermeiden. Einen Menschen ohne die Kraft des Durchsetzungsvermögens und der Energie der Überzeugung konnte man nicht ändern. Gott hatte ihn nicht mit diesen Eigenschaften ausgestattet; er würde wissen, warum das so sein sollte. Doch das Fortbestehen der Abtei lag Hildegard am Herzen.
„Abt Rupert, dein Kloster hat eine lange Geschichte. In Jahrhunderten ist viel Segen aus diesen Mauern in die Welt gekommen zum Wohl der Menschheit in den Städten und Dörfern ringsum. Die ersten Mönche haben das Land urbar gemacht und es besiedelt, weil sie eine Stätte der Gottesverehrung und des Gebetes schaffen wollten. Die Klosterschule hat vielen jungen Menschen das Wissen der Zeit vermittelt und manchen Priester und Ordensbruder ausgebildet. Diese Tradition darf nicht unterbrochen werden durch den Schlendrian, der hier das Regiment zu führen scheint."
Die Äbtissin vom Rupertsberg schied von Hirsau mit zwiespältigen Gefühlen. Abt Rupert würde trotz aller Beteuerungen einen Wandel in der Lebensführung der Mönche nicht durchsetzen können. Dieses Ziel konnte vielleicht durch eine klösterliche Reformbewegung in späteren Zeiten erreicht werden …
Auf ihrem Ritt nach Zwiefalten machte Hildegard in der kleinen Stadt Kirchheim Station. Die Geistlichen des Ortes hatten sie schon lange um einen Besuch und um eine

Ansprache gebeten, und sie kam diesem Wunsch nun nach. Der Empfang war herzlich, die Gespräche waren fruchtbar. Die Anwesenheit Hildegards hatte sich bald herumgesprochen, und viele Menschen strömten ihr zu. Eines ihrer wichtigsten Themen war stets die Heiligkeit der Kirche, die trotz aller Widerwärtigkeiten, die durch das Doppelspiel kirchlicher Würdenträger und die Laxheit des Klerus entstanden, von ihrem Glanz und ihrer Sendung nichts eingebüßt hatte. Die Menschen hörten ihr gespannt zu. Die Priester baten um eine Abschrift ihrer Predigtworte, um sie auch später beherzigen zu können.
Ziel und Endpunkt dieser vierten Predigtreise waren das Männer- und das Frauenkloster in Zwiefalten. Unter den Mönchen herrschte Unruhe statt Einigkeit. Abt Berthold, inzwischen ein betagter Mann von fast achtzig Jahren, hatte zweimal während seiner Amtszeit den Hirtenstab niedergelegt. Auch sein Nachfolger konnte sich nicht behaupten. Darauf residierte Berthold abermals, doch jetzt musste er dem Aufstand der Mönche weichen. Hildegard hatte den Mönchen schon vorher schriftlich ins Gewissen geredet, sie „feist wie die Stiere in der Aufgeblasenheit ihres Geistes" genannt. Und dem verzagten Abt hatte sie mitgeteilt: „Das Lebendige Licht spricht: Ich sah einen Menschen, den ich als schwach und lahm in seinem hohem Vorsteheramt entließ. Inwiefern? Aus Furcht vor dem Kampf ergriff er die Flucht vor denen, die in der Schwachheit ihres Fleisches wie nackte, schiffbrüchige Empörer waren. Jetzt aber sehe ich ihn als Vereinsamten, demütig und weinend. Daher blicke ich auf ihn wie auf einen Sohn der Erbschaft, der mit der Rute geschlagen wurde wegen der Unruhe seines geistlichen Wandels. Ich will ihn aber als einen glücklichen Menschen wieder in seine Gemeinde zurückversetzen."
Dem Besuch in Zwiefalten waren mehrere Briefe vorausgegangen. An die Mönche direkt hatte Hildegard sich in

scharfem Ton gewandt: „Warum schämt ihr euch nicht, ihr, die ihr dem Eselsstall entrissen und vom höchsten Herrn in den erhabenen Ehrendienst kirchlicher Feiern gestellt worden seid, wie Dummköpfe wieder in den Eselsstall zurückzulaufen?“ Für diesen harten Ton entschuldigte sich Hildegard später und machte dem Konvent klar, sie habe damit kein letztes Urteil über die Mönche fällen wollen, da Gott in seiner Liebe zu den Menschen immer auf ehrliche Umkehr warte.

Abt Berthold war nun glücklich, mit der allseits begehrten Gesprächspartnerin Hildegard von Bingen persönlich reden zu können. Er kam gleich auf den Grund seiner Sorgen zu sprechen. „Meine Klostergemeinschaft befindet sich auf keinem guten Weg.“

Die Äbtissin nahm sich viel Zeit, um ihm, dem alten und gebrechlichen Mann, Mut zu machen. Sie wusste, dass Abt Berthold in seinen letzten Amtsjahren das Steuer nicht mehr herumreißen konnte, um dem Schiff eine neue Richtung zu geben, aber sie konnte helfen, dass es nicht auf einer Sandbank auflief. Auch die Mönche gingen nach ihrer Ansprache an sie in sich und hielten auch die an sie gerichteten Briefe in Ehren.

Zwischen ihren Besuchen in den Klöstern hatte Hildegard immer noch Zeit, ein paar Gedanken zu Papier zu bringen. Sie lebte ja mit und aus der Natur. Die Jahreszeiten waren für sie Offenbarungen göttlicher Schöpfung, die sich in ihrer Vielseitigkeit stets von Neuem kundtat. Die Äbtissin hatte zu jedem Monat eine Sequenz verfasst, eine längere oder kürzere Darstellung der Monate. Den Oktober mit seiner Explosion der Farben und der Zeit der Ernte liebte sie besonders. Bevor sie in das Frauenkloster in Zwiefalten aufbrach, schrieb sie ihre Gedanken nieder.
„Der zehnte Monat gleicht einem sitzenden Menschen. Er eilt nicht mehr in der Vollkraft seiner grünenden Lebens-

frische geschwinde dahin und hat nicht mehr die volle Lebenswärme. Dafür schmückt er das Geäst der Bäume aus… Der knabenhaften Sitten überdrüssig, stellt er in der Reife des Alters den Wankelmut leichtfertiger und törichter Verhaltensweisen ein …

Waren grundsätzlich alle Frauen für den geistlichen Stand geeignet? Die Frage trieb viele um, vor allem die, die schon im Kindesalter einem Kloster zur Erziehung übergeben worden waren und jetzt ins Jugendalter hineinwuchsen. Sie entdeckten das männliche Geschlecht, und manche junge Frau fühlte sich in Liebe zu einem ihrer Vertreter hingezogen. Da die Gelegenheit zum Kennenlernen hinter Klostermauern so gut wie ausgeschlossen war, trieb die Fantasie in ihrer Vorstellungskraft Blüten. Hildegard hatte den Nonnen in Zwiefalten schon früher mitgeteilt, dass eine nach dem Mann verlangende Frau nicht für den jungfräulichen, auf Christus ausgerichteten Stand der Klosterschwester geeignet sei. Wer aus Liebe zu Gott den Mann zurückwies, schaue auf Gott, empfahl die Äbtissin vom Rupertsberg. „Hat sie bewusst den Blick ihres Herzens auf Gott gerichtet, weist sie die Begierde ihres Fleisches zurück. Dann schaut sie wie ein Adler in die Sonne.“ Allerdings solle eine Frau, die so in Liebe entbrenne, dass sie die Welt nicht verlassen könne, sich nicht in Gefahr begeben und einen hohen Berg ersteigen, damit sie später nicht in die Tiefe sinke. Niemand dürfe etwas erstreben, das der Heilige Geist nicht in sie hineingelegt habe. Eine junge Schwester war dem Kloster heimlich entflohen. Nun bewegte sie sich, die schon von Kindesbeinen an in der behüteten Welt der Klausur gelebt hatte, auf unsicheren Füßen in der Welt. Solange sie Kind gewesen war, hatte sie sich im Schutz des Klosters wohlgefühlt. Dann

aber war die Leidenschaft zu einem Mann über sie gekommen, und sie war ihm blindlings gefolgt.
„Wenn meine Eltern nicht so früh über mich entschieden hätten, wäre das, was mir passiert ist, nicht geschehen“, rechtfertigte die ausgetretene Schwester ihr Verhalten, mit dem sie ihrer Umwelt Ärgernis machte. Äbtissin Hildegard warnte: „Obgleich du dich damit entschuldigen willst, dieses Klostergewand unfreiwillig angezogen zu haben, so bedenke doch: Das Kind wird unfreiwillig ins Taufbad getaucht. Wenn es auch weint und schreit, ist es dennoch ein Christ … Daher beschwöre ich dich, geliebte Tochter, ziehe Christus, den du ausgezogen hast, wieder an. Mit gebeugten Knien nimm zu Gott deine Zuflucht, dass er dich vom Tode zum Leben erwecke, bevor der Tag deines Hinscheidens kommt. Denn deine Tage sind kurz …“

Hildegard spürte ihr Alter. Nicht nur die weiten Reisen zu Pferd und die Unbilden der Natur mit Sonnenglut und Regenschauern, Wind und Kälte machten ihr zu schaffen. Sie wusste, dass ihr Leib längere Ruhepausen brauchte, dass sie mehr Schlaf benötigte, um die Strapazen des Unterwegsseins durchzustehen. Gewiss, die Klöster nahmen sie freundlich auf, aber ihre Bewohner blickten sie mit großen Erwartungen an, warteten auf ihr Wort, das sie aufrichtete, ermunterte, das wegweisend war in dieser zerrissenen Zeit. Dabei fühlte sich die Äbtissin oftmals ausgelaugt. Manchmal schloss sie die Augen, wenn sie sprach, und erschrak nach einer Weile, weil sie glaubte, einen Moment geschlafen zu haben. Dann bemerkte sie, dass die Nonnen und Mönche noch immer gebannt an ihren Lippen hingen. War sie es denn wirklich selbst, die da redete? Nein, so viele aufbauende Worte konnten ihrem Verstand nicht entstammen, sie waren das Ergebnis ihrer Visionen und Schauungen, die sich in ihrer Seele bündelten und den Weg über ihre Stimme in die Öffentlichkeit suchten. „Posaune Gottes“, ja, das war sie, mal laut und fordernd, mal leise und bittend. Dann, in den Stunden, in denen sie allein war, formt sich in der Stille ein Gebet um das andere.

Als sie nach Wochen wieder daheim auf dem Rupertsberg war und eine ganze Nacht und einen vollen Tag durchschlafen hatte, in ihrem Ruhebedürfnis von den Mitschwestern nicht gestört, erschien eines Tages der Kölner Erzbischof Philipp, ein angesehner Staatsmann und erfolgreicher Regent, an der Klosterpforte. Es war nicht sein erster Besuch, denn er schätzte die Äbtissin von Bingen und suchte des Öfteren ihren Rat.

„Du musst mich von einer schweren Schuld dispensieren“, bat Hildegard den Bischof.

Philipp lächelte. „Etwa vom Stolz deiner Vollkommenheit, die allenthalben gerühmt wird?“

„Vollkommenheit – das wäre allerdings wie Hoffahrt und eine schwere Sünde. Nein, ich weiß, dass ich kein vollkommener Mensch bin. Vollkommen – oder vollendet – werden wir wohl erst im Himmel. Aber ich habe die Stundengebete versäumt, weil ich sie, verzeih, verschlafen habe.“

„Und Gott hat dich nicht geweckt?“, fragte der Erzbischof.

„Nein.“

„So hatte er Gefallen an deinem Schlaf, Äbtissin. Denn wenn er ihm missfallen hätte, hätte er einen Weg gefunden, dich aufzurütteln. Bedenke, dass auch der Leib zu seinem Recht kommen muss. Erst recht nach so langen Pilgerfahrten und Visitationsreisen, wie du sie absolvierst.“

„Wie schön, dass du mich tröstest.“

„Wie oft hast du mich getröstet und ermuntert, Hildegard. Und wie oft habe ich dir mein Leid geklagt, wenn ich,

durch die Stürme und Wirbel der weltlichen Aufgaben abgelenkt, meine Augen kaum zum Himmel zu erheben wagte."
„Dich nennt die Welt ‚heller Stern', Erzbischof Philipp, und das bischöfliche Amt zeichnet dich aus. Verbirg dein Licht nicht unter dem Scheffel, das Licht deiner gerechten und wegweisenden Worte. Denn ich weiß wohl, dass du manchmal in deinem Herzen denkst: Schweige ich, so erhalte ich mir die Freundschaft der mir anvertrauten Menschen. Sage ich, was nötig ist, ihnen jedoch missfällt, so werde ich ihnen lästig, und sie wenden sich von mir ab."
„So tief blickst du in meine Seele?", seufzte Erzbischof Philipp und wiegte den schweren Kopf. „O, du begnadete Frau, dich zeichnet der Himmel mit einer leuchtenden Gabe aus."
„Gott gibt mir Worte ein, die die krummen Wege der Menschen ebnen. Deshalb sage ich dir, verehrter Erzbischof, schweige nicht! Du sollst deine Herde nicht mit Furcht erregenden Worten schrecken und nicht mit Drohworten auf sie einschlagen wie mit einer Keule. Mische vielmehr die Worte der Gerechtigkeit mit Barmherzigkeit und lehre sie Gottesfurcht. Stelle den Menschen vor Augen, wie verderblich die Bosheit ist und wie ihre Seelen nach Glückseligkeit lechzen. Wenn du so zu ihnen sprichst, werden sie dir Gehör schenken. Mach dich nicht mit ihnen gemein durch schmutzige und verderbliche Sitten. Schau auch nicht darauf, was ihnen gefällt oder missfällt. So etwas ziemt sich nicht für dich in deinem Amt. Sei tapfer und stark in der schiffbrüchigen Welt und im harten Kampf gegen die Ungerechtigkeit."
Erzbischof Philipp von Köln war ein Freund Hildegards. Dieser Besuch auf dem Rupertsberg war nicht der erste und auch nicht der letzte.

Krankheiten – und immer wieder Krankheiten. Sie fesselten Hildegard oftmals ans Bett, auch wenn sie sich keine Ruhe gönnen wollte. Zweimal waren es drei Jahre, in denen ihre Kräfte sie verließen. 1158 bis 1161 zum ersten Mal, dann 1167 bis 1170, diesmal heftiger und kräftezehrender. In dieser Zeit war sie zeitweise nicht einmal imstande, Briefe zu schreiben oder zu beantworten. Auch ein von Abt Gedolph von Brauweiler erbetenes Antwortschreiben auf den Bericht über eine besessene adelige Frau blieb auf der Strecke. „Da ich von der Geisel Gottes mit einer langen und schweren Krankheit gezüchtigt wurde, bin ich kaum imstande, Eurer Bitte auch nur in etwa zu entsprechen", teilte sie ihm schließlich mit. In diesem Brief kam sie auf verschiedene Arten von bösen Geistern und Dämonen zu sprechen, die die Fähigkeiten hatten, sich den lasterhaften Sitten der Menschen anzupassen. Im vorliegenden Fall konnte der Dämon nur durch Fasten, Kasteiungen, Gebete und Almosen und durch den Befehl Gottes selbst vertrieben werden. Hildegard gab Anweisungen, die nicht von ihr, sondern aus ihr kamen. Der Katalog ihrer Ratschläge war lang und enthielt bestimmte Rituale, die durch sieben Priester ausgeübt werden sollten. Getreu ihren Anweisungen wurde der Exorzismus angewandt. Hildegards Brief sollte über die arme Frau verlesen werden. Darin hieß es: „Und ich ungelehrte und armselige Frau gebiete dir, o Geist der Gotteslästerung und des Spottes, in der Wahrheit, aus der ich Arme und Ungelehrte dies im Licht der Weisheit geschaut und gehört habe; ich befehle dir kraft dieser Weisheit, für dauernd und nicht nur im vorübergehenden Wirbel aus diesem Menschen auszufahren!" Das Ritual des Exorzismus hatte Erfolg: Der böse Geist stöhnte laut auf, veranstaltete zum Schrecken der Umstehenden ein furchtbares Geheul und tobte noch eine halbe Stunde. Dann fühlte sich die

Frau von ihrem Übel befreit. Sie reichte den Menschen die Hand und kam langsam wieder zu Kräften ...
Im Jahre 1170, als sie fast schon ein Jahr im Bett lag, wude Hildegard vom Abt der Benediktinerabtei Disibodenberg, Helenger, aufgefordert, die Vita St. Disibods zu schreiben, von dem in den Annalen kaum etwas zu finden war. Der Begründer der frommen Pflanzstätte auf dem einsam gelegenen bewaldeten Hügel am Flüsschen Nahe hatte dem Ort seiner Wahl den Namen gegeben. Die Äbtissin erfuhr in einer geistigen Schau die Beweggründe, die den Pilger aus Irland gegen Ende des siebten Jahrhunderts nach Deutschland getrieben hatten. Disibod musste zunächst ein Klosterbischof gewesen sein, bevor er mit seinen Gefährten Gisvald, Clemens und Sallust über die Nordsee zum europäischen Festland übergesetzt war, um das Evangelium zu predigen. Ein Bischof hatte auf der „grünen Insel" noch nicht die Funktion wie in späteren Zeiten, denn es gab damals noch keine Diözesen als Verwaltungseinheit, sondern Mittelpunkte christlichen Lebens waren die vielen Klöster mit einer hohen Anzahl Mönche, an deren Spitze der Abt stand.
Disibod und seine Begleiter wirkten zunächst in den Ardennen und in den Vogesen, dann kamen sie ins Rheinland. Disibod rodete die vom vulkanischen Gestein bestimmte Landschaft um den 245 Meter hohen Hügel. Die großen Römerstädte Köln, Mainz und Trier, wo es zahlreiche christliche Gemeinden gab, mied er. Sie schienen ihm für das Büßer- und Asketenleben, das er anstrebte, nicht geeignet. Disibod erlernte die Sprache der Fischer, Jäger und Holzfäller und nahm sich ihrer an. Er baute eine Kapelle auf der östlichen Seite des Berges und auf der Westseite eine Anzahl Hütten für seine Genossen. Die Mischung aus Beten, Wachen und Fasten genügte ihm für sein entsagungsreiches Leben. Vielleicht war es diese Aske-

se, die Menschen in seiner Nachbarschaft bewog, sich ihm anzuschließen oder zumindest seinen Idealen anzuhängen. Adelige der Umgebung schenkten ihm Ländereien, Dörfer, Waldgebiete und gar den Zehnten, was den Heiligen allerdings nicht zur Aufgabe seiner einfachen und vielleicht deshalb so anziehenden Lebensweise reizte. Er kleidete sich zeitlebens in das schon abgenutzte Pilgerkleid, in dem er im Rheintal erschienen war. Im zehnten Jahrhundert war aus der einstigen klösterlichen Niederlassung ein Chorherrenstift entstanden, das Bischof Villigis aus Mainz begründet hatte. Der hl. Disibod starb 81-jährig am 8. September 800. Seine Gebeine wurden auf dem Disibodenberg beigesetzt und später nach der Wiederbesiedlung des Rupertsberges in die dortige neue Kirche übertragen.

„Ich habe euch noch so viel zu sagen, doch die Zeit wird mir knapp", begann Hildegard das Gespräch mit den Mitschwestern im Klostergarten. Heute war Erntetag. Die Äpfel und Birnen lagen schon im Korb. Der Weg zwischen den Beeten war mit Rosenblättern bestreut wie für eine Prozession. So eine festliche von Gesang begleitete Prozession gab es zuletzt bei der Überführung der Reliquien des heiligen Disibod in die Abteikirche. Rosen liebt die Äbtissin besonders, doch sie zog sie den anderen Blumen und Kräutern nicht vor. Jedes Gewächs hatte seine eigene Würde. Ihre Schönheit war es, ihre leuchtende Farbenpracht mit den verschiedenen Rotfärbungen, die Hildegard das Herz mit Freude erfüllte. Rosenblätter sollten allen Heilmitteln zugefügt werden, hatte sie geschrieben. Sie wiederholte ihre Erkenntnisse des Öfteren in den Unterrichtsstunden im Freien, zu denen die sonnigen Tage einluden. Die Rose war ein Sinnbild der Kraft, besonders der Freude. Dachte man im Winter, wenn die

Rosenstöcke eingehüllt in Strohballen der Kälte trotzten, an die herrlichen Blüten des Sommers und Herbstes, so konnten sie Lebenskräfte wecken. Galt die Rose nicht in vielen Kulturen als Symbol der Fruchtbarkeit und des sich immer wieder erneuernden Lebens?
Zunächst hatte Hildegard einigen Frauen, die im äußeren Klosterbereich Dienst taten, in der bemessenen Freizeit eingeladen, einige Heilkräuter und Gewürze näher kennenzulernen und ihre Wirkung bei Krankheiten zu erproben. Die Nonnen der Abtei wussten Bescheid, sie konnten Hildegards Bücher lesen und hatten an manchen Exkursionen durch den Garten teilgenommen. Aber den unwissenden Frauen in nächster Nachbarschaft sollte das Wissen und die Erkenntnisse Hildegards nicht vorenthalten werden.
Die Äbtissin zeigte den Frauen ein Bild der Gottesmutter. Maria war mit dem Jesuskind im Schoß abgebildet und trug in der Hand eine Rose.
„Die Rose hat ja keine Dornen", wunderte sich eine Magd, die im Schafstall beschäftigt war. „In unserem Garten und in den Hecken sehe ich nur Rosen mit Dornen. Neulich habe ich mir mit einem Dorn in den Finger gestochen. Es tat ganz schön weh."
Eine der Frauen hatte einmal gehört, dass man Maria als „Rose ohne Dornen" bezeichnete. Sie erntete verwunderte Blicke. Die Äbtissin erklärte ihr die Bedeutung dieses Bildes und berichtete von Märchen, Liedern und Gedichten, in denen die Rose besungen wurde. Die wenigsten Frauen kannten Gedichte. Man hatte sie sie nie gelehrt, und lesen konnten sie nicht.
„Wir sind nicht auf Rosen gebettet", lächelte die Magd aus dem Schafstall. Diese Bemerkung schnitt Hildegard ins Herz. Sie wusste um die Vorteile des Adels mit ihrem Reichtum und ihrem Wissensstand. Aber sie würde sich darum

kümmern, dass die Frauen zu Michaeli einen Taler und ein Stück Linnen für ihre Truhe mehr bekämen.
„Am frühen Morgen, oder wenn der Tag schon angebrochen ist, nimm ein Rosenblatt und lege es auf deine Augen. Es zieht das Triefen heraus und macht die Augen klar", riet die Äbtissin. „Aber auch wer etwa Geschwüre an seinem Körper hat, lege Rosenblätter darauf, und es zieht ihnen den Schleim heraus."
Später kam Hildegard auf den Salbei zu sprechen, den sie den Frauen als eine der wichtigsten Pflanzen zur Wiederherstellung von gesunden Säften im Menschen und in Folge für seine innere Ausgeglichenheit empfahl. Der Salbeistrauch stand an einigen Stellen im Kräutergarten des Klosters. Er blühte blau-violett und verströmte einen aromatischen Duft. Die Äbtissin zerrieb einige Blätter zwischen ihren Fingern und ließ die Frauen daran riechen. Die Besucherrinnen kamen ins Schwärmen. „Einige Sträucher stehen auch hinter der Klostermauer. Ich finde ihre Blüten schön, aber ich wusste nicht um ihren Duft", staunte eine von ihnen.
„Und ihre Heilkraft", ergänzte Hildegard rasch. „Wenn es keinen zu starken Frost gibt, bleiben ihre Blätter den ganzen Winter über grün."
Das Staunen der Frauen wollte kein Ende nehmen. „Zerreibt einige Salbeiblätter einmal auf euer Brot. Es bekommt einen ganz anderen Geschmack. Oder verwendet sie als Gewürz eurer Suppen."
Wichtiger als die Geschmacksverbesserung war der heilkundigen Hildegard die Anwendung des Salbeis bei Krankheiten. „Ich sehe eure abgearbeiteten Hände mit den gichtigen Knoten und eure gebeugten Rücken, weil ihr euch vor Schmerzen nicht aufrichten könnt. Wer wintertags kaltes Wasser aus dem Brunnen oder aus dem Teich holt und damit noch die Wäsche waschen muss, der zieht leicht

die schmerzende Gicht und Lähmungen in der Beweglichkeit der Finger an. Kocht Salbei in Wasser und trinkt ihn. Und wenn seine Wärme mit Wasser gemildert ist, dann unterdrückt er die Lähmung im Menschen."
Die Hausherrin gab viele Empfehlungen und Hinweise. Ob die Frauen sich alle merken konnten? Doch jetzt war erst einmal ein Anfang in der Heilkunde gemacht, und die Stunden sollten fortgesetzt werden.
„Wer jähzornig ist, der nehme die Rose und weniger Salbei und zerreibe es zu Pulver. Und in jener Stunde, wenn in ihm der Zorn aufsteigt, halte er es an seine Nase. Denn der Salbei tröstet, die Rose erfreut."
„Das Rezept werde ich bei meinem Mann anwenden", rief eine kleine beleibte Frau und erntete helles Gelächter.
Auch über die Pflanz- und Erntezeiten sprachen die Frauen. „Das ist doch keine Frage: Im Frühling wird gepflanzt, im Herbst die Ernte eingefahren, doch nicht umgekehrt!", entrüstete sich eine der Frauen. Auch sie hatte die Lacher auf ihrer Seite.
„Ihr werdet euch wundern, aber der Mond spielt dabei eine wichtige Rolle", erläuterte die Äbtissin.
„Der Mond?" Ein Staunen ging durch die Reihen. „Der Mond ist das hellste Licht am Himmel. Doch mehr?"
„Ja, für Verliebte!", rief ein Mädchen.
„Du musst es ja wissen."
Hildegard bat um Ruhe. „Wenn das, was bei abnehmendem Mond geerntet wird, zur Aussaat verwendet wurde, keimt und wächst es zwar langsamer und bringt weniger Halme, liefert jedoch einen größeren Ertrag an Korn, als wenn es bei zunehmendem Mond abgeschnitten worden wäre. Jeder Samen, der bei zunehmendem Mond in die Erde kommt, keimt und wächst schneller und bringt mehr Halm, weil er bei zunehmendem Mond aufgeht, als wenn er bei abnehmendem Mond gesät würde. Wenn er näm-

lich dann gesät würde, würde er nur allmählich aufgehen, bis er dann, wohl gekräftigt, weiterwachsen würde."
Die Nonne Kunigund sprang quer über die Beete. „Würdige Mutter, du solltest nach dem Magister Volmar sehen. Er ist eben im Scriptorium zusammengebrochen."
Hildegard erschrak. Volmar hatte an diesem Morgen so bleich ausgesehen, mit spitzer Nase und flackernden Augen. Aber sie hat ihn nur aus der Distanz wahrgenommen, denn gerade hatte eine Schau sie mit ihren Bildern und Worten überkommen, unverhofft wie immer. In Eile hatte sie dem Mönch berichtet, ihm ihre Stichworte übermittelt und ihn gebeten, den Inhalt der Vision zu Papier zu bringen. Darauf war sie den Mitschwestern in die Kirche gefolgt und hatte den Schreiber vergessen. Jetzt holte das Versäumnis sie ein. Sie hätte Volmar nach seinem Gesundheitszustand fragen, ihm möglicherweise einen Schluck Wein oder eine Arznei verabreichen müssen. Die Äbtissin eilte Schwester Kunigund nach, durchquerte den Kreuzgang und stieß die Tür zur Schreibstube auf. Der Raum war leer. Beim Hinausgehen prallte sie mit Schwester Margareta zusammen. Sie hatte verweinte Augen. „Du kommst zu spät", schluchzte sie.
„Wie – zu spät?"
„Er ist eben hinübergegangen in das Reich unseres himmlischen Vaters."
„O Gott!"
„Wir haben ihn in seine Zelle gebracht und aufs Bett gelegt."
Hildegard sah vor lauter Mitschwestern den Toten nicht. Wie eine schwarze Wand umstanden sie im Halbkreis das Totenlager, murmelten Gebete, entzündeten Kerzen. Eine stimmte einen Klagepsalm an. Hildegard bahnte sich den Weg durch die Menge der Schwestern. „Lasst mich mit ihm allein."

Bedrückt verließen die Nonnen den Raum.
Jetzt war sie mit Volmar allein. Seine Augen waren geschlossen, Stirn und Wangen bleich. Die Seele hatte den Körper verlassen, das sah Hildegard sofort. Nur die Hülle war jetzt noch da: der Leib, der das Gefäß für die Seele gewesen und jetzt der Vergänglichkeit preisgegeben war. Die Äbtissin sank vor dem Bett auf die Knie, griff nach Volmars gefalteten Händen und strich mit sanften Bewegungen darüber. Eine Weile kniete sie so, die Hände streichelnd und betend. Sie hatte die Augen geschlossen wie der Tote, der nun nicht mehr niederschreiben würde, was ihm anvertraut wurde. Dann erhob sie sich, beugte sich über den Leichnam und küsste die Stirn. Ihre Tränen netzten die Wangen des Toten. Darauf verließ sie den Raum, untröstlich und leer …
Die Äbtissin war tief bekümmert. Wie sollte sie jetzt weiterarbeiten? Magister Volmar war nicht nur versiert in grammatikalischen Fragen, im Satzbau, in der lateinischen Sprache gewesen. Er war auch ein guter Freund und Ratgeber gewesen, obgleich er den Inhalt der Schriften niemals verändert, sondern die Ergebnisse der Schauungen unangetastet gelassen hatte. Hildegard trauerte lange um ihn und fühlte sich verwaist.
Nun brauchte Hildegard einen würdigen Nachfolger für den Mönch. Nicht jeder Klosterbruder war für diese Arbeit geeignet, und die Äbtissin wollte sich auch nicht jemanden ohne ihre Mitwirkung vor die Nase setzen lassen. Kraft der ihr rechtlich zugesicherten Privilegien hatte sie ein Mitspracherecht bei der Auswahl. Dennoch war ihr nicht ganz wohl bei der Sache. Sie ahnte, dass sich die Mönche erst einmal quer stellen und mit vielen Argumenten versuchen würden, sich der Verantwortung für die Nachfolge des Sekretärs zu entziehen.

Die Nonnen versammelten sich in der Klosterkirche, um für einen erfolgreichen Ausgang der Verhandlungen zu beten. Hildegard ließ den Schimmel satteln und ritt zum Disibodenberg hinüber. Sie wählte den Weg an der Nahe. Vor wie vielen Jahren war sie mit den Eltern im Zweispänner zum ersten Mal hier vorbeigekommen? Sie folgte dem Weg am Flussbett entlang. Die Mönche auf dem Disibodenberg verhielten sich zunächst abwartend, bis die Äbtissin ihre Bitte mit Nachdruck wiederholte.
„Wir haben nicht mehr genug Mönche. Wir können niemanden entbehren“, lautete die ausweichende Antwort. „Manche Mitbrüder müssen mehrere Aufgaben zugleich übernehmen. Bete zu Gott, dass er uns neue Mönche schickt.“
Sie verschwiegen, dass das geistliche Leben auf dem Disibodenberg inzwischen unter den Zeitumständen litt. Ohne hier eine Entscheidung herbeigeführt zu haben, wandte sich Hildegard zunächst an ihren Neffen Propst Wezelin in Köln. Der Propst, der seiner Tante sehr nahe stand, ließ es sich nicht nehmen, persönlich vor Hildegard zu erscheinen und mit ihr über die Nachfolge zu beraten. Der Mönch Volmar war als Propst für viele Aufgaben in der Klosterverwaltung zuständig. Als Sekretär war er mit den theologischen Schriften der Äbtissin vertraut wie kein anderer. Vor allem hatte er sich des jüngsten Buches „Liber divinorum operum“ – das Buch der Gotteswerke – angenommen, an dem die Äbtissin gerade arbeitete. Jetzt klaffte eine schmerzliche Lücke. Zu einer Lösung kam es nicht.
Waren die Mönche nachtragend? Der Streit mit dem Disibodenberg spukte noch in vielen Köpfen. Zuletzt war es mal wieder ums Geld gegangen. Obwohl Hildegard dem Kloster finanzielle Zugeständnisse gemacht hatte, war das Verhältnis nicht befriedet, sodass die Äbtissin dem Abt ein-

mal schreiben musste: „Wenn ihr nicht aufhört mit eurer Feindseligkeit, dann wird Gott eure Stätte zerstören."
Nein, Hildegard bestand auf ihrem verbrieften Recht, von einem anderen Kloster einen Priester zu erbitten, falls sich der Disibodenberg ihr verweigerte.
„Ich werde an Papst Alexander schreiben" entschied Hildegard. „Sei du so freundlich und leite den Brief nach Rom weiter, damit er in die richtigen Hände kommt."
Der Neffe versprach es.
„Wir sind in großer Trauer", begann die Äbtissin ihren Brief, „weil der Abt vom Disibodenberg und seine Brüder den Privilegien zuwider, gegen unsere Wahl, die uns immer zustand, Einspruch erheben. In Bezug auf dieses Recht müssen wir aber stets sorgsam auf der Hut sein, dass es uns nicht irgendwie genommen wird. Denn wenn man uns die gottesfürchtigen und frommen Männer, die wir fordern, nicht zugesteht, wird das klösterliche Leben unter uns gänzlich zerrüttet."
Die Monate gingen ins Land. Zwischendurch half Propst Wezelin, so gut er konnte, als Sekretär aus. Hildegard wartete auf Antwort. Sie klagte Abt Ludwig aus dem Kloster St. Eucharius in Trier, der ihr gerade geschrieben hatte, ihr Leid. „Ich arbeite jetzt allein, wie ein Waisenkind, am ‚Werk Gottes', da mein Helfer, wie es Gott gefiel, mir genommen ist. Das Buch aber, das ich durch die Gnade des Heiligen Geistes in wahrhaftiger Schau mit seiner Hilfe geschrieben habe und das noch nicht vollendet ist, werde ich dir zum Verbessern vorlegen, sobald es vollendet ist."
Abt Ludwig nahm sich der Not Hildegards an und entsandte zwei Mönche als Propst und als Sekretär zur Überbrückung der Wartezeit. Schließlich traf die Nachricht aus der Ewigen Stadt ein. Der Papst bevollmächtigte Propst Wezelin, Verhandlungen mit dem Disibodenberg aufzunehmen

und um die Entsendung eines geeigneten Mönches zu bitten. Sollte ihm kein Erfolg beschieden sein, so sollte ein Mönch aus einem anderen Kloster angeworben werden.
Der Disibodenberg – Hildegard erinnerte sich immer wieder der vielen Schwierigkeiten, die sie vor und bei der Übersieldung zum Rupertsberg hatte erleiden müssen, und des Widerstands, als es um Übertragung der Eigentumsverhältnisse gegangen war. Abt Helenger ließ sich schließlich bewegen. „Ich stelle den Mönch Gottfried für den Rupertsberg frei. Ich hoffe, er wird dir zu einem vertrauensvollen und nützlichen Sekretär, damit du deine Werke vollenden und die Briefschaften erledigen kannst."
Gottfried führte die ihm übertragenen Arbeiten nicht nur zur vollen Zufriedenheit der Äbtissin aus, er begann auch ihre Vita niederzuschreiben, damit die Nachwelt ein getreues Zeugnis ihres Lebens habe. Doch das Glück der Zusammenarbeit währte nicht lange. Gottfried starb unerwartet zu Beginn des Jahres 1176. Wieder geriet Hildegard in Bedrängnis.
„Wirst du deine Bitten wieder an die Benediktiner auf dem Disibodenberg richten, um die Nachfolge zu regeln?", fragten die Mitschwestern. Doch die Äbtissin wollte nicht abermals zur Bittstellerin werden, zumal die Zahl der Mönche dort erschreckend klein geworden war. Hildegard wandte sich an ihren Bruder Hugo, der als höherer Geistlicher im Erzbistum Mainz wirkte, dem der Rupertsberg rechtlich unterstellt war.
Hugo hatte seine Schwester lange Zeit nicht gesehen. Im ersten Augenblick erschrak er. ‚Sie ist alt geworden', dachte er. Ihr Gesicht war runzelig, die Augen waren wach, aber nicht ohne Schatten. Der Schleier konnte die Jahre nicht verdecken. Hildegard blickte ihren Bruder an. Eine stattliche Gestalt, das Gesicht voll, vielleicht etwas zu rund, der Ansatz eines Bauches war unter der kirchlichen Klei-

dung erkennbar. Sein Haar war angegraut. Beide waren froh, dass sie sich nach Jahren wieder in die Arme schließen konnten.

„Ich komme mit einer erfreulichen Nachricht", sagte er lächelnd nach der Begrüßung. „Der Mainzer Stuhl hat mir die Erlaubnis gegeben, die Aufgaben des Propstes in deinem Kloster zu übernehmen."

Hildegard hätte vor Freude am liebsten einen Luftsprung gemacht, aber zum einen reichten dazu ihre Kräfte nicht mehr aus, zum anderen wäre es unschicklich gewesen. So drückt sie ihren Bruder nochmals liebevoll an ihr Herz. Hugo nestelte an seinem Gepäck. „Ich habe noch eine Überraschung für dich. Schau, Hildegard, dies ist ein Vortragskreuz aus der Werkstatt des Roger von Helmarshausen. Ich hoffe, es macht dir und den Mitschwestern Freude." Hugo hielt die vergoldete Bronzearbeit in das Licht der Abendsonne, die vor den Fenstern im Westen der Abtei stand. „Es ist ein Krückenkreuz, wenn du verstehst, es ist an den Balkenenden und in der Kreuzmitte durch quadratische Felder erweitert. Schau dir die gefassten Steine an, die den Wert des Kreuzes erhöhen."

„Für Gott ist kein Kunstwerk kostbar genug", flüsterte die Äbtissin. Vor Staunen brachte sie keine weiteren Worte hervor. Das war wirklich ein Meisterstück. „Ich hoffe, Bruder, du hast das Kreuz nicht aus dem Domschatz entwendet." Hildegard drohte mit dem Zeigefinger, und Hugo lachte. „Ehrlich erworben, denn das Kloster Helmarshausen am Unterlauf der Diemel steht unter unserem Schutz."

„Dieser Roger muss ein exzellenter Künstler sein."

„Ist er auch, oder ich sollte besser sagen: Er war es. Denn er ist vor einigen Jahren gestorben. Doch er hat eine Reihe überaus prächtiger Kunststücke geschaffen und manches Kloster damit bereichert."

„Ich wusste nicht, dass das Erzbistum Mainz seine Grenzen so weit im Osten hat."
„Wir haben Besitzungen im Eichsfeld, auch an der Weser. Zum Beispiel das Benediktinerinnenkloster Lippoldsberg, dem es allerdings zeitweise recht schlecht geht. Nicht alle haben eine so gute, vorausschauende Äbtissin wie meine Schwester."
Hildegard wehrte das Lob ab. Sie sei weniger begabt, als allgemein angenommen, und auch keine vorausschauende Klostervorsteherin. Wie und was sie entscheide, sei die Folge intensiver Gebete und inniger Zwiesprache mit Gott. Doch das Kreuz sei ein großes Geschenk, über das sie sich freue.
„Vielleicht zieht der Rupertsberg eines Tages auch so begnadete Künstler an wie das Kloster Helmarshausen. Nachdem die Gebeine des hl. Modoaldus im Jahre 1107 von Trier dorthin übertragen worden waren, bat Rogerus dort um Aufnahme und überraschte den Konvent mit seinen vollendeten Kunstwerken. Die Quellen berichten auch von zahlreichen Güterschenkungen, ebenfalls von Gold und kostbaren Steinen, die der Abtei anlässlich der Translatio des Heiligen gemacht worden sind."
„Unser heiliger Disibod hat keine Gönner aufzuweisen. Vielleicht, weil er ein armer Pilger aus Irland war und sich mit dem Adel des Landes nicht anfreunden mochte."
„Da siehst du, dass man sich bei aller Demut und Bescheidenheit nicht gänzlich dem Einfluss der Stifter entziehen sollte", lachte Hugo. Er dachte an die Schenkungen, die sein Vater Hildebert dem Benediktinerkloster auf dem Disibodenberg bei Hildegards Eintritt in die Klause gemacht und auch später übertragen hatte. „Übrigens, ich vergaß es fast zu sagen: Ein Kanonikus von St. Stephan wird die Seelsorge hier übernehmen."
„Das freut mich!", entgegnete Hildegard erleichtert. „Er wird viel Arbeit bekommen."

„Und ich freue mich, wenn ich mich neben den Arbeiten, die du mir übertragen wirst, für deine Biografie nützlich machen kann."
Die Äbtissin winkte ab. Eine Biografie? Wer war sie denn schon, dass man um sie große Worte machen sollte? Nein, sie war ja nichts aus sich, sondern alles aus Gott. Ihm gebührte die Ehre! Am Ende kam es über einige Aufzeichnungen aus Hildegards Kindheit nicht hinaus. Die Mönche Gottfried vom Rupertsberg und Theoderich aus Echternach schrieben sie voller Begeisterung.

Immer wieder kamen die Bilder, die Visionen. Hildegard von Bingen war nicht auf sie vorbereitet; sie kamen wie aus heiterem Himmel und überschütteten sie mit Worten und Farben. Zunächst unklar wie durch einen Nebel kamen sie auf sie zu, dann, plötzlich, riss der Vorhang, und sie erkannte mit wachsender Klarheit die Szene. Manchmal waren die Bilder schön und warm, Hildegard erfreute sich an ihnen und ihr Herz wurde erfüllt. Oftmals aber breitete sich ein erschreckendes Panorama vor ihr aus, bedrohlich und beängstigend. Ihr Herzschlag geriet ins Stocken, sie musste sich zusammennehmen, um vor der Schauung nicht davonzulaufen – doch wohin? Die Bilder waren ja nicht an den Raum gebunden, sie waren in ihr, und sich selbst konnte sie nicht entrinnen.
Hildegard sah eine Frau mit einer Krone auf dem Haupt. Ihre Hände hatte sie zum Segen erhoben. Kopf, Oberkörper und Arme und auch ihre weit ausgeschnittenen Ärmel schimmerten golden. Doch ab der Körpermitte zeigte sich ein grausiges Szenario. Unter dem schuppigen Bauch schaute ein schwarzer Tierkopf zwischen den Beinen der Frau hervor, geradezu widerlich und furchterregend. Seine Ohren erinnerten an die eines Esels, Nase und Maul an die eines Löwen. Die Augen brannten glühendrot, das Tier

fletschte die Zähne. Die ehemals weißen Oberschenkel der Frau waren von Blut gerötet, die Unterschenkel wie in Blut getaucht. Nur die Füße waren noch unverletzt.
In ihrer Schau deutete Hildegard das Bild. Die Frau stellte die Kirche dar. Das Böse war ausgerechnet dort eingedrungen, wo eigentlich Leben entstehen sollte: in den Mutterschoß. Der grausige Kopf war der Antichrist. Er war das Symbol für die heimlich und offen wirkenden Kräfte, die die Kirche zerstören wollten. Der Antichrist entstand aus einer vergewaltigten Kirche. Er kam aus ihr selbst, nicht von den Juden und Heiden, wie man gemeint hatte. Die Flecken, die blutenden Beine der Frau, die Verwundungen waren die Zeichen der grausamen Tortur, die die Kirche zu erleiden hatte. Die Füße waren noch unberührt. Sie waren das Zeichen dafür, dass der Urgrund der Kirche im Glauben fest verwurzelt war und aus ihm seine Kraft zum Überleben schöpfte. Ja, eines Tages würde die Kirche den Antichrist überwunden haben und wieder in alter Herrlichkeit erstrahlen …
Ein anders Bild gab Hildegard Hoffnung. Der blaue Himmel war sternenübersät. Eine goldene Scheibe, viereckig, auf einer der Ecken stehend, ein Rhombus also, wie man die göttliche Sonne oft darstellte, war der Mittelpunkt. Die Scheibe war mit zahlreichen Augen geschmückt. Ein rotgoldener Streifen, an dessen unterem Ende ein Gesicht zu erkennen war, bewegte sich aus ihrem Mittelpunkt nach unten. Unter dem Viereck war ein großes, eiförmiges Gebilde mit zahlreichen Menschen in seinem Innern zu sehen: die Erde und ihre Bewohner. Ein Strahl des goldenen Lichtes ergoss sich aus dem Viereck auf den Grund des Ovals, auf dessen Boden eine Frau lag, die Hände zu einer Gebärde des Empfangens erhoben. Der goldene Strahl traf das Kind, das in ihrem Leib heranwuchs. Rechts und links über der Frau standen Menschen, Frauen und Män-

ner. Sie trugen drei Schüsseln mit Kugeln von unterschiedlicher Größe. Eine kleine teuflische Gestalt legte in die obere linke Schüssel etwas hinein.
Hildegard deutet die Vision so: Das auf der Spitze stehende Viereck war ein Bild für Gott, der seine Gnadenströme über die Erde ergoss. Die vielen Augen versinnbildlichten seine Allgegenwart. Er blickte auf alle Menschen herab. Gold war die Farbe seiner Heiligkeit. Der rotgoldene Streifen in der Mitte des Rhombus war Christus, verdeutlicht noch durch das kleine Gesicht am unteren Streifenrand. Das Kommen seines Sohnes hatte Gott in den ewigen Heilsplan mit einbezogen. Der Mutterschoß der Frau im unteren Bild des Ovals war das irdische Zeichen für sein Kommen. Der Gnadenstrom von oben endete in dem Kind in ihrem Leib. Diese Gnade aber wurde jedem Kind zuteil, das diese Welt betrat. Die Kugeln in den Schüsseln waren die unterschiedlichen Erbanlagen und Begabungen der Menschen. Aus ihnen erwuchsen verschiedene Menschentypen. Deutete man die Kugeln als Käseballen, so gingen aus den fetten Stücken tatkräftige und begabte Menschen, aus den dünnen Stücken schwache und labile Menschen hervor. Das, was die kleine teuflische Gestalt in die obere Schüssel goss, war die Fäulnis, die bitteren Käse erzeugte und Menschen voller Bitterkeit und Schwermut hervorbrachte. Ihnen würde sich Gott besonders zuwenden, um sie auf den Weg des Heils zu führen.

Der Mönch Wibert war ungefähr fünfzig Jahre alt, als er die Bekanntschaft mit Hildegard von Bingen suchte. Er stammte aus dem Kloster Gembloux bei Namur. Dort existierten bereits Kopien ihrer bis dahin erschienenen theologischen Werke, die mit Eifer gelesen und diskutiert wurden. Auch die Bischöfe von Lüttich und Utrecht standen mit der Äbtissin in Briefkontakt. Wibert galt als gelehrter Mann, hochbegabt, wendig und dazu fromm. In dem bekannten Benediktinerkloster, in dem er Mönch geworden war, hatte er auch seine Ausbildung erhalten. Er hatte nur einen Wunsch, nämlich mit Hildegard von Bingen bekannt zu werden.

Schon 1175 hatte er einen Eilbrief in vollendetem Latein zum Rupertsberg geschickt und Hildegard gebeten: „Ich bitte dich bei der Milde des allmächtigen Gottes, du wollest mich zu deinen Vertrauten zählen und mir nicht verübeln, dass ich allzeit deiner eingedenk bin. Weil ich aber ein klausulierter Mönch bin und sich keinerlei Gelegenheit oder Erlaubnis bietet, zu dir zu reisen, um mit dir persönlich über das zu sprechen, was ich selbst brennend gern von dir erfahren möchte, so bitte ich, du wollest dem, was ich durch die Überbringerin dieses Briefes vertraulich mitteile, deine ganze Aufmerksamkeit schenken." Hildegard ließ den Brief sinken, als sie ihn zur Kenntnis genommen hatte. War das Neugierde oder echte Anteilnahme an ihrem Leben? Die Fragen, die der Mönch an sie richtete, griffen stark ins Persönliche, ja, fast ins Private. Er wollte nämlich wissen – und gab auch das Interesse anderer Mönche kund –, ob es wahr sei, dass, wie man erzählte, die Visionen, die Hildegard gehabt und durch die Notare getreu aufgeschrieben habe, ihrem Gedächtnis wieder entfallen seien, sodass sie sich später gar nicht mehr an das Erlebte und Geschaute erinnere. Ebenfalls wollte er wissen, ob die Äbtissin die Visionen in lateinischer oder deutscher Sprache diktiere oder ein anderer sie ins Lateinische übertrage. Schließlich schrieb er: „Auch das möchten wir nicht weniger gern wissen, ob du der Heiligen Schrift durch eifriges Lesen – oder einzig unter Führung der göttlichen Salbung, die ihre Erwählten über alles belehrt – inne geworden bist." Das Schreiben endete mit einem Gruß von Abt und Prior sowie der ganzen Klostergemeinschaft

und der Bitte um das Gebet der Äbtissin vom Rupertsberg.
Mönch Wibert macht ein langes Gesicht, als die Briefbotin mit leerer Tasche zurückkehrte. Hildegard hatte das Schreiben nicht beantwortet.
„Hat sie dir einen Grund angegeben, weshalb sie mir keine Zeile gönnt?“, fragte er enttäuscht.
Doch die Botin zuckte die Achseln. „Sie hat mich lediglich für den Heimweg gesegnet.“
Wibert ließ sich nicht abschütteln. Er verfasste einen neuen Brief und stellte abermals seine Fragen. Der Zufall wollte es, dass ein Ritter aus der Nachbarschaft seines Klosters Gembloux anderntags zum Rupertsberg aufbrach. Ihm gab er das Schreiben mit. Hildegard ahnte jetzt wohl, dass der Mönch nicht aus Neugier, sondern aus echtem Suchen nach der Wahrheit um Auskunft bat. Der Ritter war bald auf dem Rückweg und kam nach einiger Zeit erst spätabends nach Hause. Am nächsten Morgen schickte er einen Boten zu Wibert.
„Sag ihm, er möchte selbst kommen und sich den Brief abholen. Am Ende geht er unterwegs verloren und wir stehen in seiner Schuld.“
Der Diener war enttäuscht, doch ließ er sich den Zweifel an seiner Verlässlichkeit nicht anmerken. Er überbrachte die Nachricht seines Herrn ins Kloster Glemboux.
„Wie, persönlich erscheinen?“, stotterte Wibert. „Gewiss. Gleich nach der Sext habe ich eine Stunde frei.“
Wibert machte sich mit klopfendem Herzen auf den Weg zur Burg. ‚Was steht in dem Brief, dass ich ihn persönlich abholen muss, dass er mir nicht von dem Boten überreicht werden darf?‘, fragt er sich unterwegs verwundert.
„Pech, ehrwürdiger Mönch. Mein Mann ist ausgeritten. Doch er hat mir das Schreiben in Verwahrung gegeben.“
Die Frau des Ritters holte den Brief aus einer verschlos-

senen Lade und überreichte ihn ihm voller Ehrfurcht. Ein Brief der Äbtissin vom Rupertsberg war eine Kostbarkeit, der sich viele Empfänger rühmten. Wibert eilte nicht in seine Zelle zurück, sondern suchte die Kirche auf. Dort legte er ihn zunächst auf den Altar, so als bringe er ihn zunächst Gott dar. Dann betete er eine Weile voller Unruhe, machte sich schließlich mit zitternden Händen daran, ihn zu öffnen und zu lesen. Er las ihn einmal, zwei- und dreimal und geriet immer mehr in einen Zustand inniger Glückseligkeit.

„O getreuer Diener", schrieb sie ihm, „ich arme Frau wiederhole dir diese Worte der wahren Schau. Gefiele es Gott, um meinen Leib wie meine Seele in dieser Schau emporzuheben, würde doch nicht die Furcht aus meinem Geist und Herzen weichen, denn ich weiß, dass ich ein Mensch bin, obwohl ich von Kindheit an eingeschlossen lebe ... und weshalb sollte ich mich nicht als armselig erfahren? Gott wirkt, wo er will, zum Ruhme seines Namens und nicht zum Ruhm eines erdgebundenen Menschen. Ich zitterte zwar immer vor Furcht, denn ich weiß mich nie sicher, ob ich etwas vermag. Doch ich strecke Gott meine Hände entgegen, wie eine Feder, die ohne alle Schwerkraft im Winde treibt, von ihm getragen zu werden. Was ich sehe, kann ich nur unvollkommen verstehen, solange ich im Dienst des Leibes stehe und eine unsichtbare Seele habe; denn in beiden Dingen versagt der Mensch.

Von meiner Kindheit an aber, als meine Knochen, Nerven und Adern noch nicht erstarkt waren, bis heute habe ich diese Schau in meiner Seele, da ich doch schon mehr als 70 Jahre alt bin. Und mein Geist steigt, je nachdem, wie Gott es will, in dieser Schau bis zur Höhe des Firmaments empor und erhebt sich in die verschiedenen Luftregionen. Und sie erstreckt sich auf verschiedene Menschen, mögen sie auch weit von mir in fernen Gegenden und

Orten sein. Und weil ich das auf solche Weise in meiner Seele schaue, erblicke ich es wie in der Wechselhaftigkeit der Wolken und die anderen Geschöpfe.
Dies aber schaue ich weder mit den äußeren Augen, noch höre ich es mit den äußeren Grund der Ohren oder in der Fantasie meines Herzens. Ich empfange es auch nicht durch die Vermittlung meiner fünf Sinne, sondern nur in meiner Seele, mit offenen leiblichen Augen. So erlitt ich niemals eine mich erschöpfende Ekstase dabei, sondern ich sehe es wach, Tag und Nacht. Und beständig werde ich durch Krankheiten gehemmt und bin so oft derart von großen Schmerzen gefesselt, dass sie mich zu Tode zu bringen drohten. Doch Gott hat mich bis jetzt erhalten.
Das Licht, das ich sehe, ist nicht räumlich, sondern viel strahlender als eine Wolke, die die Sonne trägt. Ich vermag seine Höhe, Länge und Breite nicht zu ermessen, und es wird mir der ‚Schatten des lebendigen Lichtes' genannt. Und wie Sonne, Mond und Sterne im Wasser erscheinen, so stellen sich mir die Schriften, Worte, Tugenden und gewisse Werke der Menschen dar und strahlen in dem Licht wider. Was immer ich auch in dieser Schau sah oder lernte, behalte ich lange Zeit im Gedächtnis. So erinnere ich mich an das, was ich einmal gesehen oder gehört habe; ich sehe, höre und weiß es gleichzeitig, und ich lerne gleichsam in einem Augenblick das, was ich weiß. Was ich aber nicht sehe, das weiß ich nicht, weil ich ungelehrt bin. Ich bin nur im einfältigen Lesen der Buchstaben unterwiesen, und was ich schreibe, sehe und höre ich in der Schau und gebrauche keine anderen Worte als die gehörten. Ich spreche sie in ungefaltetem Latein aus, wie ich sie in der Schau höre. Denn in dieser Schau werde ich nicht schreiben gelehrt, wie die Philosophen schreiben. Und die Worte dieser Vision klingen nicht so wie Worte aus menschlichem Mund, sondern sind wie eine blit-

zende Flamme und wie eine Wolke, die in klarer Luft dahinzieht.
Die Gestalt dieses Lichtes kann ich überhaupt nicht erkennen, wie ich auch den Sonnenball nicht ganz anschauen kann. Und in demselben Licht sehe ich nicht oft, aber zuweilen, ein anderes Licht, das mir als ‚lebendiges Licht' bezeichnet wird. Wann und wie ich es sehe, vermag ich noch weniger als bei diesem zu sagen. Doch während ich es sehe, wird alle Traurigkeit und Not aus meiner Erinnerung genommen, so dass ich mich wie ein junges Mädchen fühle und nicht wie eine ältere Frau ..."
Am Abend kehrte der Ritter von seinen Pflichten ins Schloss zurück. Wieder schickte er den Diener zu Wibert, doch diesmal mit der Bitte, er möge am nächsten Tag, wenn der Brief von wegweisendem Interesse sei und die Allgemeinheit betreffe, ihn aus dem Lateinischen in die Muttersprache übersetzen. Wibert war noch immer in eine höhere Welt entrückt. „Ich werde es morgen tun. Heute, nein, heute kann ich es nicht. Die Worte tanzen vor meinen Augen, und ich sehe mich nicht in der Lage, mich auf die Sätze zu konzentrieren."
Der Eingang des Dokuments vom Rupertsberg hatte sich herumgesprochen. Mehrere Geistliche und Laien hatten sich versammelt und hörten zu, wie Wibert ihnen den Inhalt am nächsten Tag zu Gehör brachte.
Der frühere Prämonstratenserabt Rupert war begeistert und rief: „Hier ist wirklich der Heilige Geist am Werk. Die gelehrten Männer Frankreichs bringen so etwas nicht zustande. Sie machen mit trockenem Herzen und aufgeblasenen Backen ein großes Geschrei, verlieren sich in Untersuchungen und Streitfragen. Aber diese gottselige Frau betont nur das Notwendige, nämlich die Ehre des dreifaltigen Gottes. Sie schöpft aus ihrer inneren Fülle und gießt sie aus, um den Durst der Dürstenden zu stillen."

Eines Tages kam ein in hohen Ehren stehender Kanoniker aus Lüttich ins Kloster Gembloux. Entsprechend würdevoll wurde er aufgenommen und nach althergebrachter Sitte zunächst in die Abteikirche geleitet, wo er für den glücklichen Verlauf der Reise Dank sagen konnte. Darauf war er Gast des Abtes.
„Ich bin auf dem Wege zum Rupertsberg, Vater Abt. Nun habe ich gehört, dass einer eurer Mönche über gute Kontakte zur dortigen Äbtissin verfügt."
„Du meinst unseren Mönch Wibert. Ja, er ist eine Hoffnung unseres Klosters, fromm und wissbegierig, zugleich aber auch sehr ausdauernd und beharrlich. Nun, er gab nicht eher Ruhe, als bis er schließlich einen Antwortbrief der viel gerühmten Hildegard in den Händen hielt." Und der Abt fügte lachend hinzu: „Du wirst ihn uns doch nicht abwerben wollen?"
Der Kanoniker verneinte, doch erbat er Wibert als Reisebegleiter nach Bingen. Anschließend erhalte er den Mönch unbeschadet zurück.
„Wisse, ein Mann, der das Vertrauen der Äbtissin erworben hat, öffnet mir und meinem Anliegen vielleicht eher die Türen zum Rupertsberg", fügte er hinzu.
Am übernächsten Morgen reisten die beiden ab. Vier Tage waren der Kanoniker und Wibert Gäste im Kloster. Sie wurden freundlich, wie es die Regel Vater Benedikts vorschrieb, aufgenommen und bewirtet. Sie nahmen, soweit möglich, am Tagesrhythmus der Nonnen mit Gebet und Arbeit teil, hatten aber auch Gelegenheit zu grundlegenden Gesprächen. Hildegard nahm sich viel Zeit. Bei diesen Zusammenkünften machte Wibert auch die Bekanntschaft ihres Sekretärs Gottfried. ‚Wie gern wäre ich an seiner Stelle', dachte er, doch verwarf er den Wunsch sogleich; er war im Kloster Gembloux zu Hause. Wibert kehrte voller Begeisterung heim, doch machte er unterwegs Station

im Kloster Villers, das ihm vertraut war. Sein Bericht über die Begegnung mit Hildegard wurde von den Mönchen begierig aufgenommen. Sie hatten von der Äbtissin vom Rupertsberg schon viel gehört und bedrängten den Gast in ihrem Wissensdurst.
„Wir haben achtunddreißig theologische Fragen formuliert, Bruder Wibert, die uns im Herzen brennen. Wärst du so freundlich, sie an die Äbtissin weiterzuleiten, wenn du wieder mit ihr korrespondierst?“, bat der Prior. „Uns kennt sie nicht, dich aber hat sie in Würde aufgenommen.“
Wibert nahm das Dokument an sich. Achtunddreißig Fragen? Nein, er hatte gesehen, wie erschöpft Hildegard war, schließlich war sie siebenundsiebzig Jahre alt. Er würde einen geeigneten Zeitpunkt abwarten, um ihr den Brief zuzustellen. Jetzt war der Zeitpunkt nicht günstig. Doch er hatte nicht mit der Hartnäckigkeit der Mitbrüder in Villers gerechnet. Sie drängten auf Antwort.
Im Jahr 1176 erfuhr Wibert vom Tode des Sekretärs Gottfried. Aber was noch schlimmer war: Bald drang das Gerücht vom Tod Hildegards bis Belgien. Wibert und die Klostergemeinschaft waren wie am Boden zerstört. Aber dann traf ein Brief der Äbtissin ein, sie arbeite an den ihr inzwischen zugestellten achtunddreißig theologischen Fragen, obgleich ihre schlechte Gesundheit ihr kaum Zeit dazu lasse. Der Zustand auf dem Rupertsberg ließ Wibert keine Ruhe. Hildegard ohne Sekretär? Und zudem ernstlich krank? Was er zu diesem Zeitpunkt nicht wusste, war, dass auch Hildegards Bruder Hugo und der Mainzer Kanoniker, die in der Verwaltung und Seelsorge Dienst taten, dem Tode nahe waren und bald darauf kurz hintereinander starben. Da Wibert inzwischen zu einem geschätzten Vertrauensmann in den Beziehungen zwischen dem Rupertsberg und dem Kloster Gembloux geworden war, erreichte er bei seinem Abt nach wiederholten Bitten, dass er an den

Rhein reisen durfte. Im Juni 1177 traf er auf dem Rupertsberg ein. Womit er nie gerechnet hatte, was aber sein sehnlichster Wunsch war, ging in Erfüllung: Hildegard ernannte ihn zu ihrem Sekretär und Seelsorger auf dem Rupertsberg. Voller Begeisterung schrieb Wibert an seinen Freund Bovo: „Durch Briefe der ehrwürdigen Herrin und Mutter Hildegard hierher gerufen, kam ich durch ihre Gebete, wie ich glaube, glücklich bei ihr an. Nicht nur von ihr, sondern auch von all denen, die ihr untergeben sind, wurde ich freudig aufgenommen. Und nun weile ich bei ihr in der schönen Atmosphäre des Friedens und aller Freude und Wonne. Durch ihre Ratschläge werde ich geleitet, durch ihre Gebete gestärkt, ihre Verdienste gestützt, ihr Wohlwollen getragen und täglich erquickt durch ihre Gespräche."
Fünf burgundische Äbte erwarteten Hildegards Zuspruch. Die Briefe lagen schon eine Weile auf ihrem Schreibtisch. Das Arbeitspensum war zu groß, um postwendend erledigt zu werden. Dann endlich, am Beginn einer wunderschönen, sternenübersäten Nacht setzte sich Hildegard ans offene Fenster und begann zu schreiben. Aus dem Klostergarten stiegen die Düfte der Kräuter und Blumen zu ihr empor, die Rosen meinten es besonders gut. Die Äbtissin atmete tief ein. Dann sprach sie den Äbten Mut zu: „Darum streitet für Christus, ihr Söhne Gottes, mit der Helligkeit des Tages und flieht mit ruhigem Geist den Nebel, der den Tag verdunkelt. In Gott tönt der Schall des lebendigen Atems, der Schall des Frohlockens. Er ertönt in den Werken des Wohlwollens wie auf einer wohlklingenden Posaune. Dieser Schall trägt in sich bedingungslose Liebe, sodass er in Demut jene zusammenruft, die in ihrer Gesinnung gelassen und mutig sind und der mit mitfühlendem Herzen die Wunden der Menschen salbt.
Mit dem Heiligen Geist strömt das niederbrausende Wasser der Liebe dahin und in ihr der Friede, der in der Güte

Gottes gründet. Die Liebe ruft in Barmherzigkeit mit klagender und doch lieblicher Stimme. Barmherzigkeit aber träufelt Balsam hinein in alle Bedürfnisse der Menschen. Sie sammelt die Armen und Lahmen um sich und bittet so eindringlich um die Hilfe des Heiligen Geistes, dass sich alles tatsächlich erfüllt."

Das Glück, das Mönch Wibert auf dem Rupertsberg genoss, war zunächst nur von kurzer Dauer. Vielleicht sollte man nicht übermütig werden im Dienst einer geistvollen, menschenfreundlichen und über alles geschätzten Frau voller Ausstrahlung und Würde. Eines Tages, im September 1177, erschien der Abt von Gembloux auf dem Rupertsberg.

„Höre, Wibert", begann er seine Rede. „Wir können deine Dienste in unserem Kloster nicht entbehren. Von dir gingen viele geistliche Impulse aus, die wir jetzt vermissen. Ich bin gekommen, dich von deinen Aufgaben hier entbinden zu lassen."

Mit dieser Entwicklung hatte niemand gerechnet. Die Nonnen bestürmten den Besucher, von seinem Vorhaben abzusehen, und hofften, dass die abwesende Hildegard bald erscheinen würde, um ihren Protest ebenfalls anzubringen. Doch der Abt wehrte sich mit der Begründung, ein Mönch habe dem Abt Gefolgschaft gelobt und müsse seinen berechtigten Anweisungen folgen. Zum Glück trafen gerade der Bischof von Lüttich und der Kölner Erzbischof als Gäste ein. Beide suchten oft den Rat der Äbtissin vom Rupertsberg. Als sie von den jüngsten Ereignissen im Kloster erfuhren, redeten auch sie auf den Abt ein, auf Wibert zu verzichten, der hier gewiss noch größere Dienste tun könne als im heimischen Kloster. Der Abt ging mit sich zu Rate, ließ die Argumente der hohen Herren auf sich wirken und kehrte schließlich ohne den Mönch nach Hause zurück.

Wibert nahm seine Aufgaben sehr ernst. Er war sprachgewandt und beherrschte nicht nur einen hervorragenden Stil, sondern war auch selbstkritisch und suchte nach immer besseren Formulierungen bei seiner Arbeit. Den Niederschriften der früheren Sekretäre Hildegards begegnete er mit Skepsis. Das Lesen von Dokumenten sollte Freude machen, aber was war das für ein Latein! Hier konnte man manche Verbesserungen vornehmen. Hildegard erklärte sich schließlich mit seinen Vorschlägen zu seiner Arbeitsweise einverstanden. „Denn nach deinen Darlegungen", so schrieb sie ihm, „wurden ja auch die Schriften der Propheten und Apostel, die ursprünglich kunstlos in griechischer und hebräischer Sprache vorlagen, später durch die Erklärer und Übersetzer in ein glänzendes lateinisches Gewand gehüllt. Deshalb will ich im Hinblick auf den berühmtesten Übersetzer Hieronymus, der die Schrift nicht Wort für Wort, sondern sinngemäß übertrug, auch dir die Befugnis erteilen, dass du mir in meinen Schriften nicht gerade Schritt für Schritt folgst, aber dich wenigstens nicht von meinen Fußspuren entfernst. Mein geliebter Sohn Volmar verlangte eine derartige Freiheit nicht, sondern begnügte sich, meine Schriften nach den Regeln der Grammatik zu verbessern. Nimm deshalb kein Ärgernis an der Latinität meiner früheren Werke, denn mir ist es nicht gegeben, in klassischen Worten zu sprechen, wie ja auch Moses sich wegen seiner schweren Zunge des Aarons bediente, und Jeremias, der berühmte Bußprediger, zwar nicht der Weisheit, aber der Gabe fließender Rede ermangelte."
Volmar und Gottfried hatten die Aussagen Hildegards von Bingen wortwörtlich niedergeschrieben und höchstens die Orthographie verbessert, am Stil aber kaum Veränderungen vorgenommen. So blieb die Ursprünglichkeit und Eigenart der Sprache erhalten. Als Wibert seine Arbeit aufnahm, hatte die Äbtissin ihre wichtigsten Werke abge-

schlossen, auch das über die Engel, die die Schutzgeister der Menschen waren.

Wie lebte es sich auf dem Rupertsberg? Wibert, der sich hier inzwischen recht glücklich fühlte, schrieb an seinen Freund Bovo: „Ein wunderbarer Wettstreit der Tugenden wird hier sichtbar. Die Mutter umfängt ihre Töchter mit solcher Liebe, und die Töchter unterwerfen sich der Mutter mit solcher Ehrfurcht, dass man kaum unterscheiden kann, ob in diesem Eifer die Mutter die Töchter oder die Töchter die Mutter übertreffen. Eingedenk der Einladung des Herrn: ‚Macht euch frei und seht, dass ich Gott bin', enthalten sie sich an Festtagen der Arbeit, sitzen schweigend in ihrer Verborgenheit, widmen sich mit Eifer der Lesung und dem Erlernen des Gesanges. Und gehorsam dem Apostelwort: ‚Wer nicht arbeitet, soll auch nicht essen', widmen sie sich an Werktagen in geeigneten Räumen dem Abschreiben von Büchern, Anfertigen von liturgischen Gewändern oder anderen Handarbeiten. Zudem ist dieses Kloster nicht etwa von einem Kaiser oder Bischof, einem Mächtigen oder Reichen dieser Erde, sondern von einer armen, zugezogenen, schwachen Frau gegründet worden. Innerhalb kurzer Zeit, seit siebenundzwanzig Jahren, hat es sich sowohl dem monastischen Geist wie auch dem äußeren Aufbau nach so hoch entwickelt, dass es durch nicht prunkvolle, wohl aber stattliche und geräumige Gebäude – wie sie sich für Nonnen ziemen – und dadurch, dass man in sämtliche Arbeitsräume eine Wasserleitung gelegt hat, in allem wohl bestellt ist. Nicht nur für die vielen Gäste, die dem Hause Gottes niemals fehlen, und die verschiedenen Angestellten, deren es eine ganze Anzahl gibt, sondern auch für die rund fünfzig Schwestern sind alle Ausgaben für Kleidung und Nahrung zur Genüge gedeckt …"

Wibert wusste Hildegards Arbeit durchaus zu würdigen, wenn er Bovo berichtete, dass diejenige, die die Mutter und Führerin einer so großen Heerschar war, sich in Liebe an alle verschwende. Sie gebe die erbetenen Ratschläge, löse schwierige Fragen, schreibe Bücher, unterweise ihre Mitschwestern, richte Sünder auf und sei durch diese Tätigkeiten vollauf in Anspruch genommen. Trotz der Last des Alters und Krankseins leiste sie durch Übung aller Tugenden so Großes, dass sie mit dem Apostel sagen könne: „Mit Freuden rühme ich mich meiner Schwachheit, damit die Kraft Christi in mir wohne. Denn wenn ich schwach bin, bin ich stark."

Es gab hoffnungsvolle Zeichen. Hildegard, inzwischen achtzig Jahre alt, erschöpft von einem langen, entsagungsreichen und kräftezehrenden Dasein, erinnerte sich in der Rückschau auf ihr Klosterleben an eine Botschaft, die wie ein Signal ihr Ohr erreichte und ihr nun wieder ins Bewusstsein trat: Während ihres Aufenthaltes in Köln hatte sie von einer Bewegung vernommen, die aus Frankreich herüberkam. Dort war die Idee einer neuen Bauweise für Kirchen und Kathedralen entstanden. Abt Suger von Saint Denis hatte sie zwischen 1140 und 1144 als Erster verwirklicht, als er den Chor seiner Abteikirche umgestalten ließ. Von dort war der Bauplan in den Norden Frankreichs, in die Normandie, gekommen. Herrliche Gotteshäuser waren inzwischen entstanden oder noch im Bau: in Sens, Paris, Chartres und Châlons zum Beispiel. Das Überraschende dabei war, dass die Kathedralen nicht mehr im wuchtigen Baustil mit Rundbögen und gedrungenen Decken errichtet wurden, sondern gleichsam himmelhochjauchend, mit der Sehnsucht nach Höhe und Gottesnähe. Wie ein geistiger Aufbruch war diese Bauweise plötzlich entstanden, von den Menschen lebhaft begrüßt,

die sich Steine schleppend und Karren ziehend ihrer annahmen und den Architekten und Bauleuten zur Hand gingen.
Das Neue an dieser Bauweise war das alles durchdringende Licht der Konstruktionen. Nicht Dämmer und verhaltene Schwere der festungsartigen Burgen Gottes waren mehr gefragt, sondern die Leichtigkeit, die Beschwingtheit des Baukörpers. Was höher hinaufstrebte, musste durch besondere Bögen gesichert sein, durch Dienste und Strebepfeiler, durch Rippen und Ziergiebel, durch Stern-, Netz-, Fächer- und Zellengewölbe. Energie und Leben waren die geheimnisvollen Zauberworte, die diese Gebäude emporwachsen ließen bis in die Bläue der Unendlichkeit. Ein Organismus, der zu atmen schien, in dem jedes Bauglied, ob groß oder klein, seine Stellung und Aufgabe hatte.
Die Äbtissin sprach in einer der Konferenzen, die die benediktinische Gemeinschaft einte, über diesen geistigen Aufbruch, der sich nicht nur im baulichen, sondern auch im gesellschaftlichen, im religiösen Umbruch äußerte. Er nährte die Hoffnung, dass sich die Welt wandelte, dass der Klerus wieder den festen Boden des Christentums unter die Füße nehmen und die dubiosen Geschäfte der Welt fahren lassen würde.
„Ihr werdet vielleicht noch erleben, was ich ersehnt habe. Mein Traum von einer besseren Kirche und einer größeren Gottesfurcht nimmt Gestalt an. Gott muss wieder der Mittelpunkt allen Daseins werden."
Hildegard blickte ins Weite. Durch das große Fenster des Kapitelsaales fiel das Licht des Spätsommertages in schrägen Bahnen auf die jungen und alten Gesichter der Nonnen vor ihr. Einige waren über achtzig wie sie. Waren mit ihr auf den Rupertsberg übergesiedelt. Andere waren jung, kannten den Disibodenberg nicht, nicht die Klause, nicht

das benachbarte Benediktinerkloster, das seine Glanzzeit hinter sich hatte.
„Die heilige Gottheit kann keiner je begreifen, nicht einmal berühren mit seinem Verstand, so hoch er ihn auch emporrecken mag. Gott ist größer als alles."
Die Nonnen auf dem Rupertsberg hörten ihr zu, die Schwestern in Eibingen lauschten ihren Worten. Es war in den Konferenzen nicht üblich, die Referentin zu unterbrechen, ihre Aussagen zu bestätigen, in Frage zu stellen oder zu diskutieren. Diese Stunde gehörte der Oberin, der Äbtissin. Ihr widersprach niemand. Was sie jetzt sagte, kam von Gott. Das geduldige Hören, das Annehmen der Botschaft war Teil der Befolgung der Regel, die St. Benedikt vor Jahrhunderten geprägt hatte, um das Zusammenleben von Brüdern und Schwestern zu gewährleisten. Ja, die Zeiten änderten sich, so wie die Bahnen des Lichtes auf den Gesichtern der Nonnen langsam weiterzogen und nach einem Spätsommertag im Westen allmählich verglühten.
Hildegard schloss die Augen. Was war noch zu tun? Ach ja, auf dem Stehpult lag die Liste mit der differenzierten Einteilung der Pflanzen. Sie wurden grundsätzlich als warm oder kalt, trocken oder feucht eingestuft. Die Pfingstrose war feurig, der Wermut sehr warm, warm waren Andorn, Sanikel, Meisterwurz, Brachwurz, Aloe, Muskatellersalbei und Nelkenwurz. Warm und trocken waren Salbei, Alant, Wegerich, Schafgarbe, Diptam, Königskerze und Lavendel. Wegwarte und Rainfarn hatten warme und feuchte Eigenschaften, Aronstab und Poleiminze waren gleichmäßig warm. Was war mehr warm als kalt? Bohnenkraut, Balsamkraut, Brombeerstrauch, Petersilie. Hirschzunge und Rettich waren warm und kalt …
Das Geräusch von scharrenden Stühlen holte Hildegard in die Gegenwart zurück. Die Schwestern waren unruhig geworden, saßen allerdings noch immer abwartend auf

ihren Sitzen und schauten sie besorgt an. Die Äbtissin murmelte ein paar Worte der Entschuldigung. „Ich bin mit meinen Gedanken abgeschweift. Verzeiht mir und meinen Schwächen." Die Nonnen lächelten. Einige dachten, was auch Hildegard von sich dachte: Das Alter hatte seine Mühe und Plage. Dann kehrte sie zu ihrer Rede zurück, erzählte vom Aufbruch der Architektur, von der neuen Bauweise, aufstrebend, lichtdurchflutet, dem Himmel ein Stück näher war sie. So musste auch der Aufbruch des Menschen sein.

Wie lange hatte Hildegard auf diesen Neuanfang gewartet? Würde sie die Blüte dieser Bewegung noch erleben, oder war die Bewegung nur ein Vorbote, ein fernes Wetterleuchten, das erst mit der Zeit seine sprühende Leuchtkraft entfalten würde?

Zweimal pro Woche, auch im hohen Alter, ließ Hildegard sich über den Rhein zum Kloster Eibingen rudern. Die Schwestern beteten und arbeiteten unter der Führung einer Priorin gewissenhaft und treu. Es gab kaum Beanstandungen. Doch immer war es ein Segen, wenn Hildegard vor dem Konvent erschien und an den Konferenzen teilnahm. Jedes Mal behandelte sie ein neues Thema, vermittelte neue Anregungen und Impulse. Als sie eines Tages das Boot auf dem rechtsrheinischen Ufer verließ, sah sie einen Burschen am Ufer auf und ab gehen, der ein Schild vor sich hertrug. Auf dem Schild stand: „Apfelbrot nach dem Rezept der Hildegard von Bingen – zweite Straße links." Hildegard blieb verwundert stehen. „Wer hat dich beauftragt, dieses Schild herumzutragen?"

„Der Florian, seines Zeichens Bäcker."

„Und weißt du auch, was auf dem Schild steht?"

„Nein, ich kann ja nicht lesen. Aber ich bekomme eine Kupfermünze pro Tag."

„Ich werde mit diesem Florian reden. Denn ich habe nie Rezepte für ein Apfelbrot ausgestellt."
„Du bringst mich um meinen Verdienst", erregte sich der Bursche. „Ich habe nur diese Arbeit, und daheim wartet meine kranke Mutter."
„Du wirst von jetzt an zwei Kupfermünzen pro Tag bekommen, aber das Schild darfst du nicht mehr zeigen, hörst du?"
„Zwei Kupfermünzen? Und was soll ich dafür tun?"
„Die neuen Weinberge des Klosters bedürfen der Pflege. Der Hausknecht und seine Helfer werden das Roden, Pflanzen und Beschneiden kaum schaffen. Ich hoffe, du nimmst mein Angebot an und gehst den Männern zur Hand. Sei morgen früh pünktlich an der Klosterpforte."
Mit einem Jubellaut willigte der Bursche ein. Hildegard nahm sich vor, am Nachmittag mit dem Bäcker Florian zu sprechen. Jedoch um diese Zeit warteten die Mitschwestern auf sie, mit denen sie gemeinsam die Sext betete, den Mittagsimbiss einnahm und sich ihren Fragen öffnete. Danach suchte sie die Bäckerei auf.
Florian zeigte sich verstockt. „Das Apfelbrot verkauft sich gut", beschwichtigte er die Äbtissin. „Allein der Name Hildegard ist es, der die Menschen überzeugt. Kaum einer fragt, was in dem Brot ist und wie es schmeckt. Darf ich dir ein Stück zum Probieren anbieten?"
„Nein! Du scheinst meinen Einwand nicht zu verstehen. Man darf den Namen eines anderen nicht dazu verwenden, um Geschäfte zu machen."
Florian war ein Mann Mitte Vierzig. Er hatte kräftige Arme vom Teigkneten, war wohlbeleibt vom Probieren. Auf seiner Stirn perlte der Schweiß.
„Das verstehe ich nicht ganz", erwiderte er achzelzuckend. „Was ist denn mit der Kirche, wo so vieles im Namen Gottes verkauft wird? Sogar Messen und Sündenablässe. Wie-

so kann ich zum Beispiel jemanden gegen Geld bewegen, für mich eine Wallfahrt zu unternehmen? Wieso ist das zulässig?"

„Es ist nicht zulässig!", ereiferte sich Hildegard, „es ist ganz und gar nicht zulässig. Das sind Entartungen, die ich nicht gutheiße."

Der Bäcker überlegte. Hinter seiner Stirn arbeitete es. Er verstand die Zusammenhänge nicht ganz. Aber er wusste, dass diese Frau Hildegard für viele Menschen dachte und dass das, was sie dachte, wegweisend war. Selbst die Herrschenden und die Klerikalen holten sich bei ihr Rat.

„Gibt es etwas anderes, was ich in deinem Namen verkaufen darf?", fragte er schließlich kleinlaut. „Ich werde dich auch am Umsatz beteiligen."

Jetzt musste Hildegard doch lachen. „Wenn ich in der nächsten Woche wiederkomme, werde ich dir ein Rezept mitbringen, das du verwenden darfst. Aber nicht mich sollst du am Umsatz beteiligen, sondern die Kinder im Waisenhaus, die du zu Weihnachten beschenken wirst. Also, das Apfelbrot streich von jetzt aus deiner Lieferung."

Nach der nächsten Rheinüberquerung suchte Hildegard die Bäckerei Florians auf. Florian war froh, dass die Äbtissin ihr Versprechen wahr machte und er nun etwas in ihrem Namen backen und verkaufen durfte. Er bat den Gast in ein Hinterstübchen der Bäckerei und bot ihr einen Stuhl an. Dort könnten sie sich in Ruhe unterhalten.

„Bevor ich dir ein Rezept anvertraue, muss ich dir etwas über den Dinkel erzählen. Du kennst doch dieses Getreide?"

„Aber gewiss!", entrüstete sich Florian. „Ich bin doch Bäcker."

„Aber die Geheimnisse dieses Getreides kennst du nicht. Also pass auf: Dinkel, auch Spelt oder Spelz genannt, gehört zur Familie der Süßgräser. Er ist wie der Saatweizen schon Jahrtausende alt. Er ist fettig und kraftvoll, leichter verträglich als alle anderen Körner. Das Getreide verschafft dem, der es isst, ein rechtes Fleisch und bereitet ihm ein gutes Blut. Die Seele des Menschen macht es froh und voll Heiterkeit. – Hast du das verstanden?"

„Ja, natürlich. Also soll ich den Menschen ein Brot mit Frohsinn und Heiterkeit verkaufen?"

„Du bist ein Scherzbold, Florian." Hildegard schüttelte amüsiert den Kopf. „Wie immer man Dinkel zu sich nimmt, als Brot oder als andere Speise, er ist gut verdaulich. Wenn einer so krank ist, dass er vor Schwäche nicht mehr essen kann, dann soll man die ganzen Dinkelkörner nehmen und sie in Wasser kochen, etwas Butterfett und Eigelb dazugeben, damit er sie des besseren Geschmacks wegen lieber isst. – Doch nun zu dem Rezept."

Florian war ganz Ohr. Er beugte sich vor, damit ihm nur ja kein Wort entging.

„Also, wir sprechen vom Dinkelbrot. Dazu brauchst du Dinkelmehl, Salz, Flüssigkeit – etwa Wasser und Milch gemischt, oder nur Wasser – sowie Hefe. Wie viele Zutaten von jeder Sorte, das habe ich dir hier aufgeschrieben. Kannst du lesen?"

„Natürlich! Lesen und Schreiben gehen mir ganz gut von der Hand."

„Du gibst das Dinkelmehl in eine Schüssel, mischst Salz darunter, machst in der Mitte eine kleine Vertiefung für die Hefe. Dann gibst du einen Teil der Flüssigkeit hinzu und vermengst alles zu einem kleinen Vorteig. Nach einer knappen Viertelstunde gibst du den Rest der Flüssigkeit hinzu und machst den Teig fertig. Nun musst du die Schüssel zudecken und etwas warm stellen. Dann lässt du den Teig eine bis anderthalb Stunden gehen, danach nochmals eine Zeitlang treiben. Vor dem Einschieben in den Backofen schneidest du den Teig ein paar Mal ein und bestreichst ihn mit Milch oder Wasser. Dann lässt du ihn bei zunächst hohen Temperaturen im Ofen, nach einer knappen halben Stunde reduzierst du die Hitze. Der Backvorgang soll bis zu einer Stunde betragen. Aber du weißt ja am besten, wie ein Brot aussehen soll, wenn es fertig ist. Also wirst du immer wieder einen Blick in den Backofen werfen."

Florian bedankte sich überschwänglich. „Und ich darf wirklich sagen, dass dies ein Rezept nach der großen Hildegard von Bingen ist?"

„Das darfst du sagen. Nur dass ich groß bin, das verbiete ich dir. Ich möchte dich auch daran erinnern, dass du zu Weihnachten einen Teil deines Verdienstes an das Waisenhaus stiften wirst."

„Versprochen! Ehrenwort!" Florian gab der Äbtissin die Hand darauf.

Wie viel Zeit war vergangen? Tage, Wochen, Monate, Jahre? Ja, es müssen Jahre gewesen sein, die vor den geschlossenen Augen der Äbtissin vorübergezogen waren, als seien es Stunden. Wie aus einem schweren langen Traum kehrte Hildegard in die Gegenwart zurück. Das Leben hatte sich in Bildern gezeigt, in Worten, Zeichen, in schönen und traurigen Erlebnissen. Doch die Visionen schwiegen. Sie kamen nicht wieder. Hatte sie alles verstanden, notiert und weitergegeben, was Gott ihr zeigen wollte und aufgetragen hatte? Der letzte Akt ihres Lebens war für die Äbtissin eine Reise ins Ungewisse. Das Interdikt war ein Menetekel an der Wand. Was würde werden? Ja, was sollte werden? Noch immer schwiegen die Glocken, blieb der Altarraum öd und leer. Es fiel der Kommunität schwer, auf die Feier der hl. Messe zu verzichten. Der verwaiste Tabernakel erinnerte ständig an das Interdikt.

„Vielleicht hätten wir einen Kompromiss aushandeln sollen", meinte Schwester Barbara in der abendlichen Rekreation. „Härte und Unnachgiebigkeit sind zwei schlechte Voraussetzungen für ein Gespräch."
„Also ein bisschen Gerechtigkeit und ein bisschen Entgegenkommen?", rief Schwester Katharina. „Wie soll das gehen?"
Die Küchenschwester Appolonia war eine resolute Persönlichkeit. Sie wischte die Argumente Barbaras vehement vom Tisch. „Ich hätte mit diesem Prälaten Knoblauch eine deutlichere Sprache gesprochen. Er ist schließlich nicht der liebe Gott."
„Knoblich, liebe Appolonia, Knoblich heißt der hohe Herr", kicherte Schwester Agnes. „Du kannst ihm ja bei seinem nächsten Besuch die Suppe versalzen. Vielleicht merkt er dann, was er hier angerichtet hat."
Schwester Dorothea schüttelte den Kopf. „Ich denke, er wird sich so bald nicht sehen lassen. Er wähnt sich mit seinen Mitbrüdern im Recht und straft uns nun mit Verachtung."
Monate geduldigen Ausharrens vergingen. Monate, in denen Hildegard, noch immer krank, um einen Fingerzeig Gottes bat. Schließlich wendete sich die Äbtissin an den Mainzer Prälaten, um den Sachverhalt ausführlich darzustellen. Zu diesem Zweck verfasste sie ein Schreiben, das sie an Ort und Stelle vortragen wollte. Die Äbtissin legt den Vorgang noch einmal in allen Einzelheiten dar. Aber sie verschwieg auch nicht die Worte, die sie eines Tages in ihrer geistigen Schau von Gott empfangen hatte: „Es ist nicht gut für euch, um menschlicher Worte willen die Mysterien meines mit der Natur bekleideten Wortes, das als euer Heil in jungfräulicher Natur aus der Jungfrau Maria geboren wurde, zu unterlassen. Ihr müsst deshalb von euren Prälaten, die euch diese Bindung auferlegt haben, die Freiheit erbitten ..."

Hatte Hildegard zu lange gezaudert? In der Vision wurden ihr Vorhaltungen gemacht, weil sie sich nicht gleich ihren geistlichen Oberen anvertraut und dadurch die feierlichen Handlungen verzögert habe. Andererseits erfuhr sie die Richtigkeit ihrer Handlungsweise gegenüber dem Toten und seinem Begräbnis im Klosterfriedhof. Der Brief wurde lang. Zeile für Zeile fuhr die Feder über das Papier, jeden Standpunkt sorgsam abwägend, vorsichtig deutend, aber beharrlich und fordernd, wo der Wille Gottes eindeutig war. Denn durch die Aussetzung des Gotteslobs hatten die Prälaten dem Teufel gedient, der ja auf jede nur mögliche Weise versuchte, den Lobpreis Gottes auf Erden zu unterbinden. Wenn Gott zu ihr sprach, kannte die Äbtissin keine Scheu mehr vor dem Wort, das sie notierte. Oft schon hatten ihre Briefe für Aufsehen gesorgt. Nicht nur bei Bischöfen, Prälaten und anderen kirchlichen Würdenträgern, selbst bei Regenten wie Kaisern und Königen hatten sie Gewicht. Die Empfehlungen, Ratschläge und Beurteilungen waren Wegweisungen für künftiges Handeln. Mancher hatte den Rat der Klostervorsteherin dankbar angenommen, sich nach ihm ausgerichtet und Segen für die ihm anvertrauten Menschen bewirkt. Die Fähigkeit, Rat zu erteilen, war das Geschenk ihrer Visionen, die auf ihr eindringliches Gotteserlebnis zurückgingen.
Mit ihrem langen, wohldurchdachten Schreiben machte sich Hildegard vom Kloster Rupertsberg aus auf den Weg nach Mainz. Die Reise dauerte seine Zeit, es hatte geregnet, der Fahrweg war aufgeweicht. Schwester Anna begleitete sie. Die Unterhaltung unterwegs im schlichten Reisewagen war knapp, die knarrenden Geräusche der Räder drangen zu ihnen herein und unterbanden die Gespräche. Doch beide Nonnen wussten, dass vom Ausgang der Reise die Aufhebung oder die weitere Gültigkeit des Interdikts abhing. Der Empfang in Mainz war nicht kühl. Die geistli-

chen Herren wussten die Verdienste der Äbtissin zu schätzen und begrüßten sie mit verhaltener Hochachtung. Sie baten sie Platz zu nehmen und tauschten ein paar höfliche Worte. Dann kamen sie auf das Anliegen des Besuches zu sprechen.

„Ich möchte dazu beitragen, ein uns alle bedrückendes Missverständnis zu klären", begann die Ordensfrau, „ein Missverständnis, das euch, erlauchte Herren, nicht minder belastet wie mich. Um Christi willen lasst uns, was uns hindert, in Liebe miteinander umzugehen, aus der Welt schaffen."

Sogleich wies einer der Domherren jeden Verdacht eines Missverständnisses von sich. „Die Rechtslage ist eindeutig", sagte er. „Hättest du dich mit deinen Nonnen an unsere Anweisungen gehalten, die Kirchenstrafe wäre nie über das Kloster verhängt worden." Hildegard nahm allen Mut zusammen, ihren Standpunkt zu vertreten. Auch wenn sie offen ihre Versäumnisschuld bekannte, so begründete sie doch bei aller Demut und Ehrfurcht vor dem geistlichen Amt die Schuld der Kirchenoberen. Je länger sie den Text ihres Briefes vortrug, umso mehr erbleichten oder verfinsterten sich die Gesichter der Zuhörer. Hildegard spürte bald, dass sie mit ihrem Schreiben nichts ausrichten konnte. Zu verzwickt war der Fall in den Augen der Gastgeber, zu festgefahren der Standpunkt der Prälaten. Warum kamen sie der Äbtissin nicht einen Schritt entgegen? Bot sich jetzt endlich eine Gelegenheit, der in ihren Augen zu selbständig handelnden Äbtissin einen Denkzettel zu verpassen? Oder war die Stunde der Vergeltung gekommen, weil die Rupertsberger Nonne sich immer zu dem rechtmäßigen Papst Alexander bekannt und dadurch den zum Stauferpapst haltenden Mainzer Bischofssitz in Misskredit gebracht hatte? Schließlich verabschiedete sie sich enttäuscht und unter Tränen von den Domkapitularen und bezog mit

Schwester Anna eine bescheidene Herberge, bevor sie anderntags die Heimreise zum Rupertsberg antrat.
Die Nonnen waren niedergeschlagen und ohne Hoffnung. Die Vorstellung, dass sie den Gottesdienst auch weiterhin bei geschlossenen Türen halten mussten, dass nur das Gebet, aber nicht der Gesang erlaubt war, bedrückte sie, und die Ermunterungen, die ihre Oberin trotz ihrer Niederlage vor der bischöflichen Behörde dennoch für sie bereit hielt, fanden nur wenig Widerhall. Manche Schwester zweifelte im Stillen am Sinn des starren Rechtsanspruchs des Toten auf sein Begräbnis in geweihter Erde. Doch den Zweifel offen auszusprechen, wagte niemand. Die Zeit ging darüber ins Land, eine Zeit, die Hildegard krank ans Bett band, in der die Folgen des Interdikts immer bedrückender und entmutigender wirkten. Die Binger Bürger waren über diese Entwicklung ebenso entsetzt wie der in Handlungsunfähigkeit erstarrte Konvent. Schließlich fasste sich Hildegard ein Herz und schrieb einen „Notbrief" an Erzbischof Christian, der im Frühjahr 1179 in Rom weilte. Darin bat sie ihn um seine Hilfe, legte den Fall ausführlich dar und appellierte an seine Barmherzigkeit.
Wieder setzte eine Zeit ungeduldigen Wartens ein. Die Antwort zeigte bald erste Wirkung: Der Oberhirte beauftragte Erzbischof Philipp von Köln, auf dessen Wohlwollen die Äbtissin zählen konnte, sich der Angelegenheit anzunehmen. Philipp reiste in Begleitung des Freundes des verstorbenen Edelmanns und des Priesters, der ihm die Beichte abgenommen hatte, nach Mainz und präsentierte sie als Zeugen.
Die Mainzer Herren ließen sich Zeit mit ihren Beratungen. Von einem fremden Bischof ließen sie sich nicht gern in ihre Beschlüsse hineinreden. Doch am Ende kam ein Kompromiss zustande: „Das Einverständnis unseres Erzbischofs voraussetzend", so lautete schließlich die Ent-

scheidung des Domkapitels, „erteilen wir euch bis zu seiner Rückkehr die Erlaubnis, die klösterlichen Gottesdienste wieder aufzunehmen."
Der Jubel kannte keine Grenzen. Aus den Herzen der Nonnen pflanzte er sich fort in die Herzen der Klosterbediensteten und der Gläubigen, die sich alltäglich auf dem Rupertsberg zum Gebet versammelten. Die Glocken stimmten in den Jubel ein und trugen ihn klangvoll in das Land an Rhein und Nahe.
Doch die Freude war nur von kurzer Dauer. In Rom wurde das elfte Allgemeine Laterankonzil eröffnet, und einer der Mainzer Prälaten reiste zur Teilnahme in die Ewige Stadt. Dort traf er alsbald seinen Erzbischof. „Höre, Christian", beschwörte er ihn, „es ist nicht sinnvoll, dass ein anderer Bischof in einer so heiklen kirchlichen Rechtslage eine Entscheidung herbeiführt. Bedenke, dass dies deiner Autorität abträglich ist."
Christian war verwundert. Von dieser Seite hatte er den Fall nicht betrachtet. Philipp war sein Freund, deshalb unvoreingenommen die Bitte um Vermittlung. Doch jetzt verunsicherte ihn der Einwand des Prälaten. „Meinst du wirklich, dass die Rücknahme des Interdikts Auswirkungen auf meine Amtsführung haben könnte?"
Der Prälat nutzte die Unsicherheit seines Bischofs. „Zweifellos. Wie stehst du am Ende da, wenn du etwas genehmigst, wo noch Klärungsbedarf herrscht? Die Äbtissin vom Rupertsberg genießt allgemeines Ansehen. Sie ist klug, wenn auch nicht sehr gebildet. Sie kokettiert mit ihrer geistigen Armut. Aber das ist Augenwischerei. In Wirklichkeit weiß sie sehr wohl, was sie will, und spielt die weltlichen und geistigen Mächte gegeneinander aus."
„So weit möchte ich nicht gehen", erwiderte der Oberhirte. „Die Äbtissin ist eine aufrichtige und ehrliche Frau. Doch in diesem Falle könnten deine Bedenken zutreffen."

Erzbischof Christian entstammte einem thüringischen Fürstengeschlecht und galt als besondere Persönlichkeit. Er war ein treuer Anhänger und Kanzler Kaiser Friedrichs, der ihn mit dem Erzbistum Mainz belehnt hatte. Den Ruf eines ausgezeichneten Diplomaten genoss er als Reichsfürst im Dienst des Regenten in England, Frankreich und Griechenland. In Italien hatte er als Feldherr die Übermacht der Römer besiegt. Sein Verhandlungsgeschick trug 1177 wesentlich zur Aussöhnung zwischen dem Kaiser und dem rechtmäßigen Papst Alexander III. bei.
Der Erzbischof erbat Bedenkzeit. Doch der Prälat verteidigte hartnäckig seinen Standpunkt und plädierte für die Fortsetzung des Interdikts. Christian gab schließlich seinem Ansinnen nach. Er verfügte schweren Herzens, dass das Kirchengebot wieder in Kraft zu treten habe. Mit diesem Bescheid erschien der Prälat nach seiner Rückkehr aus Rom vor der altersgebeugten Äbtissin. Diesen Triumph wollte er auskosten. „Es geht nicht alles so ab, wie du dir das wünschst, Hildegard von Bingen. Der Erzbischof hat einen etwas längeren Arm, auch wenn der deinige zugegebenermaßen bis an die Himmelspforte reicht."
Hildegard war nach Empfang der Nachricht wie am Boden zerstört. Den Nonnen versagte unter Tränen die Stimme beim Gebet. Wieder schwiegen die Glocken in lähmender Stille. Was sollte jetzt werden? Abermals griff Hildegard zu Papier und Feder und richtete einen weiteren Brief an ihren Erzbischof. Der Brief der Ordensfrau, durch viele Argumente bereichert, nahm seinen langen Weg über die Alpen und erreichte schließlich den erstaunten Adressaten. Er verfehlte seine Wirkung auf den Oberhirten nicht. In seiner Antwort nannte er es höchst gefährlich, den Einspruch der Geistlichen missachtet und das Ärgernis vor der Kirche verheimlicht zu haben, „bis durch das beweiskräftige Zeugnis rechtschaffender Männer vor dem Ange-

sicht der Kirche der Nachweis seiner Lösung vom Bann erbracht war". Das Antwortschreiben des Erzbischofs enthielt schließlich den erlösenden Satz: „Selbstverständlich haben wir herzliches Mitleid mit eurem Kummer und richten daher an die Kirche von Mainz ein Schreiben folgenden Inhalts: Wir bestimmen, dass, wenn durch eine der Wahrheit entsprechende Aussage bewährter Männer die Absolution des Verstorbenen nachgewiesen ist, der Gottesdienst bei euch gefeiert werden soll. Zugleich bitten wir eure Heiligkeit inständig und flehentlich: Wenn wir euch in dieser Angelegenheit durch unsere Schuld oder Unwissenheit zur Last gefallen sind, so entzieht euer Erbarmen nicht dem, der um Verzeihung bittet. Bittet auch den Vater der Barmherzigkeit, dass ER uns gesund und wohlbehalten zu euerer Heiligkeit und zur Mainzer Kirche zurückführe, Gott und eurer Gemeinschaft zur Ehre und zum Heil unserer Seele. Der Herr erhalte euch Gesundheit und Heiligkeit."

Der Sommer 1179 war über der Korrespondenz dahingegangen. Hildegard hatte vor lauter Sorgen kaum einen Blick für die Schönheiten der Natur gehabt. Doch nun überschüttete der herannahende Herbst die Wälder und Weinberge mit leuchtend bunten Farben. Die Äbtissin nahm Gottes Schöpfung wieder mit wachen Blicken in sich auf. Ihr Herz war voller Dank. Aber sie spürte zunehmend die Gebrechen des Leibes. Sie ahnte, dass ihre Seele in nicht allzu ferner Zeit das Haus des Körpers verlassen würde. Auf ihrem Schreibtisch lag ein Manuskript mit einem Bündel von Fragen, die der Antwort harrten. Wenn sie dieses Joch getragen und die achtunddreißig theologischen Fragen beantwortet hatte, wird ihr ein schwerer Stein vom Herzen fallen ... Doch jetzt läuteten die Glocken, die Lobgesänge der Nonnen stiegen klar und rein aus dem Kirchendämmer in die lichte Luft empor. Handwerker und

Weinbauern, Handels- und Schifferleute blickten zum Rupertsberg hinauf, wohin der Weg der Beter führte, die die Freude mit den Nonnen einte.

Das belgische Kloster Villers wartete auf Antwort. Die Mönche wurden ungeduldig, wiederholt mahnten sie die Äbtissin, zunächst behutsam und voller Verständnis angesichts der vielfältigen Aufgaben der Klostervorsteherin, dann jedoch drängend und fordernd. Die Fragen, die ihnen auf den Nägeln brannten, hätten sie eigentlich nach ihrem langjährigen theologischen Studium selbst beantworten können müssen. Stattdessen wandten sie sich an eine einfache, ungebildete Nonne, wie sich Hildegard selbst bezeichnete. Wibert von Gembloux hatte wohl zu offensichtlich mit seiner Bekanntschaft mit der Äbtissin vom Rupertsberg geprahlt und Hoffnungen geweckt, die einem gelehrten Professor und nicht einer unscheinbaren Nonne alle Ehre gemacht hätten.
„Wie ist zu verstehen: Der in Ewigkeit lebt, erschuf alles zugleich, da wird doch berichtet, Gott habe seine Werke auf sechs Tage verteilt", so lautete die erste Frage der Mönche. Was Hildegard schließlich zu Papier brachte, waren nicht ihre eigenen Erkenntnisse, war nicht ihr in geistigen Schulungen angeeignetes Wissen, sondern das Ergebnis ihrer Innenschau, ihrer Visionen, in denen Gott sich offenbarte. Sie sah den Bau des Kosmos, die Struktur des Universums, verschiedene Formen der Materie. Ihre Antworten zeigten die Vielschichtigkeit und die Dynamik ihres Weltbildes. Sie begriff die Ordnung, die selbst in den kleinsten Erscheinungen der Natur herrschte und die sich in der Unendlichkeit des Raumes ebenso widerspiegelte.
„So viel ich mit der Gnade Gottes vermochte, habe ich an der Lösung Eurer Fragen gearbeitet", schrieb sie zwischendurch an die Mönche, um sie zu beruhigen. „Ob-

gleich beschäftigt mit einer anderen Schrift und trotz einer schweren Krankheit, durch die ich nach Gottes Willen lange aufgehalten wurde, habe ich doch von diesen Fragen vierzehn Lösungen fertig geschrieben: Und so gut ich mit Gottes Hilfe kann, werde ich gern an den übrigen weiterarbeiten."

Vierzehn Lösungen auf vierzehn Fragen. Doch die Beantwortung von vierundzwanzig Fragen stand noch an. Sie erfordern unendliche Geduld, denn die Visionen kamen nicht wie bestellt, Hildegard musste warten und sich geduldig Gottes Anruf stellen.

Die Fragen waren schwierig, doch kompliziert waren auch die Antworten. Hildegard nahm sich viel Zeit, das Resultat ihrer geistigen Schau zu Papier zu bringen. Doch am Ende war alle Mühe vergeblich. Die Mönche von Villers würden die Antworten niemals erhalten. Der Tod, der die hochgeschätzte Äbtissin wie von ihr vorausgesehen ereilte, verhinderte die Expedition. Der so aufschlussreiche und wichtige Brief blieb auf dem Rupertsberg.

Es war September. „Der neunte Monat ist Reifezeit", hieß es in Hildegards Monatsbetrachtungen. „Keine schrecklichen Gewitter verzerren mehr sein Gesicht. Allen wertlosen Saft nimmt er von den Früchten, auf dass sie gut zu genießen sind. All das trägt dieser Monat wie in einem Sack sicher durch die Zeit …"

Reifezeit. Hildegard fühlte sich alt, verbraucht, müde, manchmal dem Tode nahe. Die vielbeschworene Grünkraft, das Symbol des aufbrechenden und explodierenden Lebens war in das Grau des Verwelkens übergegangen.

„Du solltest dich schonen, Äbtissin. Dieses Arbeitstempo wirst du nicht durchhalten."

Sekretär Wibert meinte es gut. Auch die Mitschwestern meinten es gut. Doch auf ihre Ratschläge hörte Hildegard

nur zwangsweise, wenn sie wirklich nicht mehr konnte, wenn sie fast im Stehen einzuschlafen drohte.
„Es ist noch so viel zu tun", entschuldigte sich die Äbtissin, „ich kann mein Lebenswerk doch nicht unvollständig zurücklassen."
„Es ist vollkommen", sagte Wibert und drängte auf Ruhezeiten.
„Ich habe so viel gehört und geschrieben. Das Lebendige Licht hat mich zu allen Tages- und Nachtzeiten mit seinen Botschaften heimgesucht. Habe ich alles richtig verstanden? Zum Beispiel die tiefe Weisheit der Schöpfungstage? Habe ich die Zusammenhänge richtig gedeutet, Gottes Plan mit seiner Welt und uns Menschen, den Aufbau des Kosmos, von dem wir ein selbstwirkendes Teil sind? Ich bin nur Werkzeug, eine ungelehrte Frau dazu."
Die Hände abwehrend erhoben, wiegelte Wibert ab. „Das Wort ‚ungelehrt' möchte ich aus deinem Munde nicht mehr hören, Hildegard. Du hast mehr Wissen als mancher Lehrer auf den begehrtesten Kathedern in Paris und Rom. Gib dich mit dem zufrieden, was du bisher getan hast. Gott ist es gewiss, so folge seinem Beispiel."
Die tröstliche Antwort erreichte die Äbtissin nicht. Alle ihre Bücher hatten bisher keinen Eingang in die Hochschulen gefunden, obgleich ihr Inhalt auch von der gelehrten Welt durchaus akzeptiert wurde. Das sagte sie dem Mönch Wibert.
„Du bist eine Prophetin, eine Magistra, und deine prophetische Mission erreicht auch die Qualitäten der Theologen. Du bist bisher immer bescheiden hinter dein Werk zurückgetreten, hast das Aufsehen gescheut. Möchtest du denn umjubelt werden wie Peter Abaelard zu seiner Zeit und die anderen Scholastiker?"
Wibert wusste, dass die Mönche in den Klöstern Hildegards Schriften wie einen Augapfel hüteten, dass Äbte

und Bischöfe den visionären Bücherschatz in den höchsten Tönen lobten, aber die Magister in den Domschulen von Trier, Mainz, Bamberg und in den anderen Hochschulen boten ihn ihren Scholaren nicht als Lektüre an. Doch er tröstete die Äbtissin: „Ich habe vernommen, dass einer deiner Briefe im Haus eines Brabanter Adeligen verlesen worden ist und dass der zufällig anwesende Abt Robert von Königstal dich mit den modernen Theologen verglichen hat. Ja, manche stellen dich ebenbürtig neben die Prophetinnen des Alten Bundes, etwa wie Debora. Solche Bekundungen deiner Wertschätzung gibt es viele, das weißt du. Ich möchte sie nicht wiederholen."

Sekretär Wibert begleitete die letzten Lebenswochen der verehrten Äbtissin mit Sorge über ihr Aussehen. Einem Freund vertraute er an: „Völlig abgemagert, so schwach, dass sie beim Aufstehen von zwei Nonnen gestützt werden musste, seufzte sie unter der Last der ihr noch verbliebenen Klosteraufsicht. Augen, Lunge und Magen bereiteten ihr Beschwerden, sie sehnte den Tod herbei und sagte ihren geistlichen Töchtern ihren Sterbetag voraus."

Am 17. September 1179, in den frühen Morgenstunden, gab Hildegard ihr Leben in Gottes Vaterhände zurück. Die ganze Nacht hatte sie im Gebet zugebracht und auf ihr letztes Stündchen voller Sehnsucht gewartet. Der Binger Bevölkerung war der schlechte Gesundheitszustand der beliebten Äbtissin nicht verborgen geblieben, und oftmals hatten sie voller Sorge zum Rupertsberg hinaufgesehen. Manche Person erschien auch an der Klosterpforte, um sich aus nächster Nähe nach dem Zustand der beliebten Äbtissin zu erkundigen. Der Pförtner scheuchte die Leute weg, er hielt sie für aufdringlich. „Diese Klatschweiber wollen doch nur ihre Neugierde befriedigen", schimpfte

er. Doch Schwester Appolina, die im Vorraum des Klosters für die Gäste zuständig war, wies ihn in die Schranken und versuchte ihm zu erklären, dass ehrliche Anteilnahme das Gegenteil von Neugier war.
Jetzt aber, als das Sterbeglöckchen über dem Rhein- und Nahetal läutete, verbreitete sich die Botschaft von ihrem Tod wie ein Lauffeuer in Straßen und Gassen. Die Menschen strömten auf den Plätzen der Stadt zusammen, viele weinten, einige rangen die Hände und beteten. Andere machten sich sogleich auf den Weg zur Abtei und harrten vor den Toren aus, als könnte ihnen hier mehr offenbar werden als die schmerzliche Todesnachricht.
„Nachdem die heilige Mutter viele mühsame Kämpfe mit Hingabe vollführt hatte, empfand sie Überdruss am gegenwärtigen Leben und wünschte täglich, aufgelöst zu werden und bei Christus zu sein“, so berichteten die Schwestern in ihrer Vita. „Gott erhörte ihren Wunsch und offenbarte ihr, wie sie es vorher gewünscht hatte, in prophetischem Geist ihr Ende, das sie auch ihren Schwestern voraussagte. Sie wurde einige Zeit von einer Krankheit heimgesucht und ging in ihrem zweiundachtzigsten Lebensjahr am 17. September in einem seligen Sterben hinüber zu ihrem himmlischen Bräutigam. Ihre Töchter, deren ganze Freude und Tröstung sie gewesen, nahmen unter bitterem Weinen an dem Heimgang der geliebten Mutter teil. Denn obwohl sie nicht daran zweifelten, Hildegard werde für sie bitten und ihnen Gnade erwirken, so wurden sie doch beim Hinscheiden derjenigen, durch die sie stets getröstet worden waren, von tiefer Herzenstrauer erfüllt.“
Als Hildegard von Bingen in die Ewigkeit ging, erschienen, so berichtete die Überlieferung, zwei helle Bögen in verschiedenen Farben am Himmel. Sie breiteten sich nach allen vier Himmelsrichtungen aus; der eine von Norden nach Süden, der andere von Osten nach Westen. Im Schnitt-

punkt der beiden Bögen erstrahlte ein helles, mondähnliches Licht. Es leuchtete weithin und vertrieb die nächtliche Finsternis vom Klosterberg. In diesem Licht tauchte ein rot schimmerndes Kreuz auf, das von minimalem Umfang zu einer ungeheuren Größe anwuchs. Viele verschiedenfarbige Kreise umgaben das Kreuz. In den Kreisen entfalteten sich kleine rot schimmernde Kreuze mit eigenen Kreisen. Sie dehnten sich über den Himmel aus, berührten das Haus, in dem die fromme Äbtissin gestorben war. Der ganze Rupertsberg war in ein strahlendes Licht getaucht.

Was unmittelbar nach Hildegards Tod geschah

Als der Leichnam Hildegards aufgebahrt war, und bald darauf an ihrem Grab, ereigneten sich erste Wunder. So wurden zwei Menschen, die ihre Leiche berührt hatten, von schwerer Krankheit beheilt. Aus ihrem Grab soll ein wunderbarer Duft aufgestiegen sein, der von den Menschen, die an den Begräbnisfeierlichkeiten teilnahmen, als Zeichen Gottes für die Heiligkeit der Toten gedeutet wurde.

Die Äbtissin wurde nicht im Altarraum ihrer Klosterkirche beigesetzt, wie es bei Klostergründern üblich war, sondern im Klosterfriedhof zur letzten Ruhe gebettet, wo auch der Edelmann bestattet worden war. Da der Zustrom der Pilger immer mehr zunahm, entschloss sich die bischöfliche Behörde, das Grab vor den Hauptaltar des Gotteshauses zu verlegen. Mit geringem Erfolg. Denn immer mehr Menschen kamen zum Rupertsberg, um die Heilige um Fürsprache in ihren Sorgen und Nöten zu bitten. Die Nonnen fühlten sich im Ablauf der Gebetszeiten schließlich so gestört, dass sie den Erzbischof von Mainz um Abhilfe baten. Der Oberhirte erschien vor dem Grab der geliebten Klosterfrau und gebot ihr, in Zukunft keine Wunder mehr zu wirken.

Auf dem Rupertsberg hatte man großes Interesse daran, die Äbtissin zur Ehre der Altäre erhoben zu sehen, und beantragte die Heiligsprechung. Der Papst ersuchte 1227 das Mainzer Domkapitel, glaubwürdige Zeugnisse und Wunderberichte nach Rom zu senden. Das Interesse der Prälaten an dem Auftrag scheint nicht besonders groß gewesen zu sein, denn erst 1233 schickten sie die gewünschten Unterlagen in die Ewige Stadt. Da die Dokumente unvollständig waren, sandte die Kurie sie 1237 nach Mainz zurück mit der Ermahnung, eine umfassende neue Eingabe zu machen. Die Mainzer schoben den Auftrag auf die lange Bank, sodass der Papst sie 1243 mahnte, ihrer Verpflichtung endlich nachzukommen, was unmittelbar darauf geschah. Eine Reinschrift des Antrags auf Heiligsprechung hat Rom offenbar nicht mehr erreicht, denn alsbald begann das Exil der Päpste in Avignon. Die Unterlagen versandeten irgendwo und gerieten in Vergessenheit. Auch das gewaltige schriftliche Werk der Äbtissin wurde Jahrhunderte lang kaum beachtet …

Geschichtliche Hintergründe

Mit dem Glauben allgemein und dem kirchlichen Leben steht es während Hildegards Lebzeiten nicht zum Besten. Zu Beginn des Jahrtausends noch hat man an das Ende der Welt geglaubt und die Wiederkunft Christi zum Jüngsten Gericht erwartet. 1064 ist es zum verhängnisvollen Riss zwischen Rom und Byzanz und zur Spaltung zwischen West- und Ostkirche gekommen. 1066 ist die später als Halleysche Komet bezeichnete Himmelserscheinung als Unglücksbote aufgetaucht.
Die Kirche hat sich in die politischen Auseinandersetzungen der Zeit hineinziehen lassen oder zu manchem Konflikt beigetragen. 1051 und 1061 stehen in Italien Papstwahlen an, ohne die Mitsprache der Regentin Agnes von Aquitanien, der Gattin Heinrichs III. und Mutter des unmündigen Heinrich IV., zu berücksichtigen. Die Deutschen favorisieren Bischof Cadalo von Parma, der sich als Gegenpapst Honorius II. nennt. Ein Bürgerkrieg in Rom ist die Folge. Im „Staatsstreich von Kaiserswerth“ haben die Fürsten 1062 den minderjährigen Heinrich IV. entführt und der Obhut von Erzbischof Anno von Köln und Adalbertus von Bremen anvertraut sowie die Reichsinsignien

an sich gebracht. Anno gewinnt Macht, muss sie aber mit Erzbischof von Mainz teilen. 1073 wird Hildebrand zum Papst Gregor VII. gewählt. Er beharrt auf der kirchlichen Vorherrschaft über die weltliche Regierung. Darauf lässt Heinrich Gregor VII. durch das Nationalkonzil zu Worms absetzen. Der „Investiturstreit“ ist die Folge. Heinrich widersetzt sich 1076 den Forderungen des Papstes, worauf dieser ihn exkommuniziert und das Recht abspricht, in Deutschland und Italien zu regieren.
Ein Jahr später ist der im eigenen Lande glücklose Heinrich gezwungen, den schmachvollen Gang nach Canossa anzutreten, wo der Papst ihn drei Tage barfuss im Schnee ausharren lässt, bevor er ihn empfängt.
In Heinrichs Abwesenheit wählen die deutschen Fürsten am 13. März 1077 Rudolf von Rheinfelden, den Herzog von Schwaben, in Forchheim zum König. Diese Eigenmächtigkeit verzeiht Heinrich nicht; es kommt zu blutigen Kämpfen und trotz seines Sieges im Januar 1080 bei Flarchheim ohne eindeutigen Ausgang. Heinrich ernennt Erzbischof Wibert von Ravenna zum Papst Clemens III., was zur Folge hat, dass Gregor Heinrich erneut exkommuniziert. Es gibt nun zwei weltliche Herrscher und zwei Päpste. Rudolf wird in der Schlacht von Weißelster im Oktober 1080 tödlich verwundet. Heinrich belagert die Ewige Stadt. Ostersonntag 1084 krönt Clemens III. ihn zum Kaiser. 1093 erklärt sich Sohn Konrad zum Gegenkönig. Eine verworrene politische Lage ist die Folge.
Die Menschen rebellieren. Gegen die Herrschenden können sie wenig ausrichten, doch die Kirche ist verwundbar. Investitur, Simonie, Zölibat – das sind die Schlagworte, die die Kritiker gegen die Hierarchie ins Feld führen. Geistliche Ämter sollen nicht an weltliche Amtsträger wie Kaiser, Könige oder Fürsten vergeben werden. Wer ein geistliches Amt, an das der Besitz von Länderein, Märkten und

Zehnteinkünften geknüpft ist, durch Bestechung oder Bezahlung anstrebt, soll nicht länger Priester sein. Das gläubige Volk erwartet von den Geistlichen Glaubwürdigkeit, Selbstentsagung, Opfer und Hingabe, kurz, ein Leben nach dem Vorbild Christi. Das Wort „Kirchenreform" macht immer fordernder die Runde. Ein Lichtblick ist die Gründung eines neuen Ordens, von dem in der Folgezeit viel Segen ausgeht: Schon siebzigjährig verlässt Robert von Molesme 1098 seine Abtei. Er sucht nach strengeren Formen benediktinischen Lebens, baut in einer einsamen und wüsten Gegend Frankreichs, in Citeaux, ein schlichtes Kloster und festigt es unter einer neuen Regel. Es ist die Geburtsstunde der Zisterzienser. 1098 ist auch die Geburtsstunde Hildegards von Bingen

Die Schriften Hildegards von Bingen

„Scivias – Wisse die Wege" ist Hildegards Erstlingswerk, nicht aus einem Guss entstanden, sondern in einem Dezennium wechselnder Ereignisse und Erfahrungen zwischen 1141 und 1151. Nicht aus Freude am Schreiben hat sie dieses sowie die beiden anderen großen theologischen Werke verfasst, sondern aus dem Auftrag zur Verkündigung, den sie in den Visionen erhalten hatte. Im Vorwort zu ihrem ersten Werk offenbart sie dem Leser die Widerstände, die sie zu überwinden hatte, bevor sie zur Feder griff:
„Erst als Gottes Geißel mich auf das Krankenlager warf ..., legte ich endlich Hand ans Schreiben. Die heftigen Schmerzen erlitt ich deshalb, weil ich die Schau, die mir angezeigt worden war, nicht offenbaren wollte."
Im „Liber Scivias", ihrer wohl wichtigsten literarischen Arbeit, entwirft sie ein Panorama von der Erschaffung der

Welt und des Menschen über die Entstehung und das Sein der Kirche bis zur Erlösung und Vollendung am Ende der Tage. Die Spannungsgeschichte zwischen Gott und Mensch, seine Abkehr vom Schöpfer und seine Hinwendung zu ihm wird hier in einem großen Spannungsbogen dargestellt. Hildegard macht das unvorstellbare Geheimnis Gottes in immer neuen Bildern sichtbar. Zunächst die Harmonie zwischen Gott und Mensch, zwischen Schöpfer und Schöpfung, Geist und Welt, die durch den Sündenfall getrübt wird. Diese Glaubenskunde ist eine dreiteilige Schrift mit 26 Visionen. Handelt der erste Teil von der Schöpfung und dem Fall der Schöpfung durch die erste Sünde der Menschen, so behandelt der zweite Teil die Erlösung durch den Sohn Gottes und die Fortsetzung des Erlösungswerkes durch Jesus Christus. Das gesamte Heilsgeschehen – so der dritte Teil – ist ein Gebäude, an dem alle Tage fortgebaut wird bis an das Ende der Tage.
In der Einleitung zum „Liber Scivias“ heißt es: „Aus dem offenen Himmel kam ein feuriges Licht mit zuckenden Blitzen, durchdrang mein Gehirn und durchglühte mein Herz und brannte in meiner Brust wie eine Flamme, die aber nicht brannte, sondern wärmte, wie die Sonne mit ihren Strahlen erwärmt.“

Das zweite, medizinische Werk, das **„Liber subtilitatum diversarum naturarum creaturarum“** stammt aus den Jahren 1151 bis 1158. Hildegard ahnt nicht, dass man ihre Urheberschaft später anzweifeln wird und ihre Aussagen über die Medizin nicht ihren Visionen zuordnet. Doch Stil und Inhalt sind eindeutig ihre Sprache.

Das **„Liber vitae meritorum – das Buch der Lebensvergeltung“**, das zwischen 1158 und 1161 nach zahlreichen Schauungen geboren wurde, ist das dritte Buch der

Äbtissin. Es ist eine Lebenskunde über das sittliche Verhalten des Menschen, wobei die Autorin die Laster als zum Teil schreckliche Gestalten sieht – der Zorn ist wie ein Wolf –, die ihre Position sehr listenreich darstellen. Die Tugenden liefern sich ein Streitgespräch mit diesen Lastern. Es wird aufgezeigt, wie das Verhalten des Menschen nicht nur für den Einzelnen und die Gesellschaft, sondern auch kosmische Auswirkungen hat. In der Einleitung heißt es: „Und es geschah im neunten Jahr, nachdem eine wahre Schauung mir, einem einfältigen Menschen, die wahren Schauungen (Wisse die Wege) kundgetan hatte, bei denen ich mich ein Jahrzehnt lang unter Schwitzen abgemüht hatte. Und dies war das erste Jahr, nachdem mir dieselbe Schauung Folgendes zum Erklären offenbart hatte: Die feinstofflichen Eigenarten der verschiedenen Naturen der Geschöpfe (subtilitates diversarum naturarum creaturarum) sowie gleichzeitig Briefe und Ratschläge an viele Personen, sowohl von hohem und niederem Stand ..." Und an anderer Stelle: „Ich vergleiche die große Liebe, die der Schöpfer zu seinen Geschöpfen hat und die die Geschöpfe ihrem Schöpfer gegenüber empfinden, mit jener Liebe und jener Treue, mit der Gott den Mann und die Frau verbunden hat, damit sie zusammen schöpferisch wirken können."
Kaum zwei Jahre liegen zwischen dem Abschluss dieses und dem Beginn des vierten Buches.

Das **„Liber divinorum operum" – das Buch der Gotteswerke"** schrieb Hildegard zwischen 1163 und 1174. Es ist eine Kosmologie. Makrokosmos und Mikrokosmos, das gewaltige Weltall und der vergleichsweise kleine Mensch werden in ihre Beziehung zueinander und zur göttlichen Dreifaltigkeit gestellt. Gott ist der Herr der Schöpfung, er erhält und trägt die Welt und den Menschen – durch seine

Liebe, die Caritas. „In der ganzen Natur, sei es in den Tieren, den Pflanzen oder den Bäumen, sind verborgene geheimnisvolle Kräfte Gottes verhüllt, die weder der Mensch noch ein anderes Geschöpf kennen oder erspüren kann, außer Gott schenkt ihm diese besondere Gabe", so heißt es in der vierten Schau. „Der lebendige Brunnen ist der Heilige Geist; ihn hat Gott in alle seine Werke aufgeteilt. Aus diesem Quell leben sie ... Die göttliche Weisheit betrachtet ihr Werk ..., indem sie etwa durch die genannte ungelehrte Frau gewisse natürliche Kräfte verschiedener Dinge (virtutes naturales diversarum rerum) ... und gewisse andere tiefe Geheimnisse offenbar machte, die diese Frau in wahrer Vision erschaute, wobei sie sehr geschwächt wurde." Im „Liber divinorum operum" wird nicht nur die enge Verflochtenheit des Menschen mit den Geschöpfen, sondern auch die leib-seelische Beziehung, eine „Psychosomatik", in einmaliger Weise beschrieben.
Wie vielen Menschen hat sie, Hildegard von Bingen, durch ihre Medizin helfen können? Sie hat keinen Menschen abgewiesen, sich Zeit genommen, nicht nur für ihre Leidens-, sondern zunächst für ihre Lebensgeschichte. Die Seele ist ein empfindliches Gebilde, ewig, unsterblich und aus Gott. Wenn die Seele erkrankt, spürt es auch der Leib. Beide müssen gesunden. Das ist das Ziel der Äbtissin vom Rupertsberg. Die heilkundigen Bücher und Schriften sind in ihrer Zeit unverzichtbar.
Hildegard hat die Naturkunde „**Liber Subtilitatum Diversarum Naturarum Creaturarum**" betitelt, Teil I erhielt später den Namen „**Physica**". Die Naturkunde ist in neun Bücher gegliedert. Sie bestehen aus fünfhundertdreizehn Kapiteln und handeln von Pflanzen, Bäumen, Steinen, Fischen, Vögeln und Elementen. Teil II, die Heilkunde „**Causae et Curae**", beschreibt die Krankheiten der Menschen, vom Kopf beginnend bis zu den Füßen. Wie steht es mit

der Ernährung, der Verdauung, wie äußern sich Gemütsbewegungen mit Wachen und Schlafen, Gehen, Stehen und Reiten. Was gehört zu einer gesunden Lebensführung?

Oft hat man sie wegen ihrer Heilmethoden angegriffen. Vor allem die Ärzte haben ihr vorgeworfen, nur über wenige gebräuchliche medizinische Kenntnisse zu verfügen. Der menschliche Knochenbau sei ihr fremd geblieben. Demgegenüber steht die große Schar der Geheilten. Hildegard erspürt und erkennt das innere Wesen der Geschöpfe. Sie kennt die Schriften der Antike und ihrer Zeit, doch ihre Sehergabe macht etwas Neues, Eigenständiges daraus. Ihre Medizin stimmt mit Grundkonzepten der mittelalterlichen Medizin überein, doch ihr geht es immer um das Heil und die Heilung des Menschen. Die Seele will mit ihrem Leib und in ihrem Leib wirken, und sie liebt ihren Leib. Sie will zusammen mit ihrem Leib heil werden. Hildegards Bücher sind keine rein theologischen Werke, sie sind alle heilkundliche Bücher mit verschiedenen Schwerpunkten. Die Erfahrungen in der klösterlichen Krankenpflege und eigene Wahrnehmungen haben Hildegards medizinische Kenntnisse beflügelt.

Die „Physica" ist Hildegards Heilmittelbuch. „Causae et Curae" beschreibt die Entstehung und Behandlung der Krankheiten von Kopf bis Fuß, es ist ihr Behandlungsbuch. Die Trennung der beiden Teile eines wohl ursprünglich einzigen Buches wurde im 13. Jahrhundert vorgenommen. Der Grund war vermutlich das Verbot der Kleriker, ärztlich tätig zu sein. Deshalb ist von „Causae et Curae" nur eine einzige Abschrift (Kopenhagen, um 1300) erhalten. Die Klosterapotheken existierten bis in die jüngste Zeit, deshalb gibt es von der „Physica" mehrere Abschriften, auch eine gedruckte Edition um 1500.

Der Geburtsort Hildegards

Bis etwa 1950 galt Jahrhunderte lang Schloss Böckelheim an der Nahe als Geburtsort und Heimat Hildegards, bis die Schwestern Marianna Schrader und Adelgunde Führkötter von der Abtei St. Hildegard aufgrund ihrer Forschungen glaubten feststellen zu müssen, dass Hildegard in Bermersheim geboren sei, weil von dort viele Schenkungen ihrer Familie für den Rupertsberg – nicht Disibodenberg – gegeben wurden. Die Ehrenpräsidentin der Internationalen Hildegardgesellschaft, Frau Hildegard Strickerschmidt, meint, wenn der Stammsitz der Familie in Bermersheim gewesen wäre, würden sicher nicht alle Güter verschenkt worden sein. Auch wurden in Bermersheim trotz intensiver Forschungen keine Überreste eines größeren Hofgutes gefunden.
Schloss Böckelheim als Geburtsort wurde deswegen infrage gestellt, weil es vom Abt Johannes Trithemius (1483-1505) – ein weithin bekannter Gelehrter seiner Zeit – in der Chronik des Klosters Sponheim genannt wurde. Er gilt heute in Historikerkreisen als umstrittene Persönlichkeit, seit 1951 ein Historiker das ganze Werk von Trithemius in Bausch und Bogen als Fälschung abqualifizierte, weil seine Forschungen nicht in allen Teilen den Kriterien der heutigen Geschichtsschreibung entsprechen. Die Chronik seines Klosters Sponheim wurde jedoch nicht angefochten. Hier finden wir die Angabe, dass Hildegard von Böckelheim nach Juttas Tod nach Bingen übersiedelte, und zwar im Jahre 1148. Dort finden wir auch den Vermerk, dass die Jungfrau aus der Grafschaft Spanheim (Sponheim) aus dem Dorf Böckelheim, eine Tochter ihres Vaters Hildebert, eines edlen Ritters des Grafen Stefan von Sponheim, war. In der Festschrift zum 700. Todestag 1929, herausgegeben von Dr. Johannes Kohl, Bin-

gen, finden wir folgenden Text: „Die Heimat von Hildegards Eltern, ehe diese um 1075 die Burg Böckelheim im Dienste des Speyrer Bischofs übernahmen, lag wohl in der engsten Umgebung von Alzey. Hildegards Brüder waren in Bermersheim reich begütert, und im Rupertsberger Kloster galt das Dorf Bermersheim immer als Familiengut Hildegards.
Diese Angaben erscheinen glaubwürdig, weshalb Hildegard Strickerschmidt der jahrhundertelangen Tradition Glauben schenken will, dass Hildegard auf Schloss Böckelheim geboren wurde.

Literatur

Dankbar bin ich für die Ratschläge und die persönliche Unterstützung der Arbeit durch Frau Hildegard Strickerschmidt, Ehrenpräsidentin der Internationalen Gesellschaft Hildegard von Bingen, und ihre Publikationen.

Gronau: „Hildegard von Bingen". Christiana-Verlag Stein am Rhein, 1985

„Das Leben der heiligen Hildegard von Bingen". – Ein Bericht aus dem 12. Jahrhundert verfasst von den Mönchen Gottfried und Theoderich. Otto Müller Verlag, Salzburg,1980

Michaela Diers: „Hildegard von Bingen". Deutscher Taschenbuch Verlag, München, 1998

Hildegard-Zeitschriften. Internationale Gesellschaft Hildegard von Bingen: Beiträge von Hildegard und Klaus Strickerschmidt

Hanna Strack: „Frauen in den Visionen Hildegards von Bingen", Hanna Strack Verlag, Pinnow, Klens Verlag, Düsseldorf, 1998

Christian Feldmann: „Hildegard von Bingen – Nonne und Genie“, Verlag Herder, Freiburg-Basel-Wien, 1995

Abtei St. Hildegard Rüdesheim-Eibingen: „Die Kunst, mit Dinkel zu kochen“.